JEAN RACINE

BERENIZE

TRAGÖDIE IN FÜNF AUFZÜGEN

IM VERSMASS DES ORIGINALS
ÜBERTRAGEN VON
RUDOLF ALEXANDER SCHRÖDER
MIT EINEM NACHWORT VON
ELISABETH BROCK-SULZER

PHILIPP RECLAM JUN. STUTTGART

Der französische Originaltitel lautet:
Bérénice

Universal-Bibliothek Nr. 8909
Alle Rechte vorbehalten. © Suhrkamp Verlag Berlin und Frankfurt am Main. Die Rechte der Aufführung, Rundfunk- und Fernsehübertragung vergibt der Ralf Steyer Verlag München 40. Gesetzt in Petit Garamond-Antiqua. Printed in Germany 1979. Satz: Maschinensetzerei Baumgarten, Esslingen a. N. Druck: Reclam Stuttgart
ISBN 3-15-008909-3

PERSONEN

Titus, *Kaiser von Rom*
Berenize, *Königin von Palästina*
Antiochus, *König von Commagene*
Paulin, *Vertrauter des Titus*
Arsazes, *Vertrauter des Antiochus*
Phönize, *Vertraute der Berenize*
Rutilius, *Römer*
Gefolge des Titus

*Der Schauplatz ist eine Halle zwischen den Gemächern des Kaisers und der Berenize. Vorn rechts und links Türen. Hinten ein paar Stufen, die zwischen Säulen hindurch auf eine offene Galerie führen, die nur durch eine Brüstung gegen den Horizont abgrenzt. In der Mitte führt von hinten eine breite Treppe, auf der im vierten Akt auch die Senatoren hinaufsteigen, zu dieser Galerie, die ebenfalls rechts und links zu den Gemächern des Kaisers und der Berenize führt.
Im Vordergrund zu beiden Seiten eine Marmorbank, sonst kein Mobiliar. Der erste und zweite Akt spielen vormittags; der dritte und vierte im späten Nachmittag; der fünfte bei einbrechender Nacht.*

ERSTER AKT

ERSTE SZENE

Antiochus. Arsazes.

Antiochus.
 Verweilen wir, Arsaz. Mich dünkt, du siehst mit Scheu
 Der Marmorwände Prunk, der deinen Augen neu.
 In stolzer Einsamkeit bewahrt ihr güldner Schimmer
 Manch Staatsgeheimnis, Freund; denn Titus wählt dies
         Zimmer,
 Wenn fern vom Aug' des Hofs und seinem Ränkespiel
 Er seiner Königin sein Herz eröffnen will.
 Die kaiserliche Flucht liegt hinter diesen Pforten. –
 Du sagst der Königin – ihr Vorgemach ist dorten –,
 Daß – unwillkommen zwar, mir selber zum Verdruß –
 Um ein Gespräch ich sie, geheim, ersuchen muß.
Arsazes.
 Ihr unwillkommen? Herr, galt Jahr um Jahr aufs neue
 Nicht ihr der Freundschaft Dienst, die edelmütige Treue?
 Ihr warbt um ihre Hand, Ihr, den der Orient
 Schon lang Antiochus den Großen rühmend nennt.
 Noch wagt sie selber kaum das Diadem zu hoffen,
 Und schon stünd' zwischen euch die Kluft des Vorrangs
         offen?
Antiochus.
 Geh, geh, laß gut sein, nimm dich keiner Sorgen an
 Als der, ob ich sie bald ohn' Zeugen sprechen kann.

         (Arsazes ab.)

ZWEITE SZENE

Antiochus allein.

Antiochus.

Nun wohl, Antiochus! – Willst du's noch einmal wagen,
Willst ihr „ich lieb Euch", willst ihr's ohne Zittern sagen?
Doch wie? Du zitterst schon; und dein Herz, zweifelsvoll,
Weiß weder, was es wünscht, noch was es fürchten soll.
War eine Hoffnung je, war nur ein Trost dein eigen,
Ward dir nicht auferlegt ein unverbrüchlich Schweigen?
So hab ich ein Jahrfünft geschwiegen. Im Gewand
Der Freundschaft barg mein Herz bis heut sich
                                                unerkannt;
Und nun sie Titus krönt, will Wahnsinn mich betören,
Die taub am Jordan blieb, werd' mich am Tiber hören?
Er führt sie heim. Und du wählst eben diesen Tag,
Um nochmals deine Hand ihr anzutragen? Sag,
An welchen Lohn wagst du, Verwegner, noch zu denken?
Nimm Abschied, wenn du mußt, doch ohne sie zu kränken,
Zieh dich zurück, entweich, verhehl ihr deine Not,
Such fern von ihrem Aug' Vergessen oder Tod.
– Wie? Leiden Tag für Tag, und – ah! – sie soll's nicht
                                              wissen?
Von Tränen überschwemmt, die im Verborgenen fließen,
Wie? – Da du von ihr gehst, noch fürchten ihren Groll?
Und, schöne Königin, warum so eifervoll?
Will ich vielleicht, Ihr sollt dem Kaiserthron entsagen,
Fordr' ich, daß Ihr mich liebt? Nichts will ich, nichts –, nur
                                              sagen,
Daß ich mir lange Zeit geschmeichelt, mein Rival'
Käm' eines Tags vielleicht doch vor dem Ziel zu Fall.
Nun er allmächtig thront, nun Euer Bund entschieden:
Ein Beispiel langer Treu, von Glück und Gunst gemieden,
Nehm nach fünf Jahren Lieb' und Hoffnung sonder Sinn
Ich Urlaub, der ich treu, auch ohne Hoffnung, bin.

Wer weiß, sie zürnt mir nicht, wird mich vielleicht
                        beklagen?
Komm, was da kommt, sprich, Herz, zu lang hast du's
                        ertragen!
Was hast du, hoffnungslos, zu fürchten, Liebender,
Der es vermag und sagt: ich scheid ohn' Wiederkehr?

DRITTE SZENE

Antiochus. Arsazes.

Antiochus.
  Was bringst du?
Arsazes.   Mir gelang's, die Königin zu sprechen,
  Doch war's nicht leicht, den Schwarm der Schranzen zu
                        durchbrechen,
  Der ihrer Sohle nach sich unaufhaltsam drängt
  Und den zukünftigen Stern mit Huldigung empfängt.
  – Der strengen Einsamkeit wird Titus heut entsagen,
  Hört auf, Vespasian, den Vater, zu beklagen,
  Gibt wieder, wie zuvor, dem zärtern Triebe Raum;
  Und wär', was alle Welt bei Hofe spricht, kein Traum,
  Wird Berenize heut den Abendstern gewahren,
  Vom Königsstuhl erhöht zum Throne der Cäsaren.
Antiochus.
  Weh mir!
Arsazes. Mein Herr und Fürst, erschreckt Euch der
                        Bericht?
Antiochus.
  So wird sie mich nicht sehn? Zumind'st ohn' Zeugen nicht?
Arsazes.
  Sie wird Euch sehn. Sie hat mich huldreich aufgenommen,
  Wird hier in dies Gemach, wird ohne Zeugen kommen –
  So gab ein rascher Wink mir gnädig zu verstehn –,
  Um im Vertrauen Euch, wie Ihr gewünscht, zu sehn.

Ohn' Zweifel wird sie bald bequemen Vorwand finden,
Um vor dem lästigen Aug' des Hofes zu verschwinden.
Antiochus.
Genug. – Hast du derweil den dringenden Befehl,
Mit dem ich dich betraut, vollführt und ohne Fehl?
Arsazes.
Mich dünkt, Ihr wißt, o Herr, wie mein Gehorsam eile.
Vor Ostia liegt bereits im Hafen, sonder Weile
Bemannt, von Augenblick zu Augenblick der Fahrt
Gewärtig, Schiff an Schiff, das Eurer Weisung harrt.
Wer ist's, den Ihr so bald nach Commagene sendet?
Antiochus.
Die Abschiedsstunde schlägt, wenn dies Geschäft hier endet.
Arsazes.
Doch wer?
Antiochus. Ich.
Arsazes.   Ihr?
Antiochus.   Wenn ich die Schwelle dort betrat,
Scheid ich, Arsaz, und meid auf ewig diese Stadt.
Arsazes.
Ich bin betroffen, bin's, wie mich bedünkt, mit Grunde.
Wie? Berenize hielt Euch bis zu dieser Stunde,
Hielt Euch drei Jahre fest, da fern von Reich und Land
An ihrer Schritte Spur hier Rom den Euren band,
Und nun, weil im Begriff den Gipfel zu beschreiten,
Sie Euch zum Zeugen wünscht erlauchter Festlichkeiten,
Nun Titus, der sie liebt, ihr künftiger Gemahl,
Ihr Ehren vorbehält, davon auch Euch ein Strahl – –
Antiochus.
Arsaz, wir gönnen ihr das Glück, das ihr beschieden.
Genug der Worte, Freund, sie kränken meinen Frieden.
Arsazes. Mein König, ich versteh. Der Würden Übermaß
Macht Berenize stolz, die meines Herrn vergaß.
Zum Feinde wird der Freund, des Freundschaft man
                  verachtet.

Antiochus.
Nein. – Niemals hab ich sie mit minderem Haß betrachtet.
Arsazes.
So hat, vom eignen Glanz zu früh schon übermannt,
Der neue Cäsar Euch vergessen und verkannt?
Mahnt Euch ein Vorgefühl, die Kränkung nicht zu leiden,
Und lieber fern von Rom sein Angesicht zu meiden?
Antiochus.
Mit Unrecht klagt' ich das; denn Titus hat mit mir
Sich nie verleugnet.
Arsazes. Herr, und dennoch scheidet Ihr?
Welch düstre Laune hat Euch mit Euch selbst betrogen?
Den Thron besteigt ein Fürst, Euch kaiserlich gewogen,
Ein Fürst, der angesehn, was Ihr für ihn getan,
Als Ihr den Ruhm, den Tod gesucht auf seiner Bahn,
Da seine Tapferkeit, durch Euren Arm beständigt,
Judäas schnöden Trotz zuletzt ins Joch gebändigt. –
Des graunvoll hohen Tags gedenket sein Gemüt,
Da die Belagerung, die träge, sich entschied.
Die Feinde sahn getrost vor ihren dreien Wällen
Erfolglos Sturm nach Sturm der Unsrigen zerschellen;
Der Widder hatte sich vergeblich müd gerannt:
Ihr einzig, Ihr allein, die Leiter in der Hand,
Trugt, der Armee voran, den Tod auf ihre Mauern.
Dann sah der Abend Euch gestreckt in Fieberschauern,
Als Titus, mir im Arm, den Sterbenden umfing,
Und schon durchs Heer Geschrei von Eurem Tode ging.
Mein Fürst, heut kam der Tag; in Halmen ist geschossen
Die Saat des edlen Bluts, das Ihr für ihn vergossen!
Und wenn die Sehnsucht Euch ins Vaterland entführt,
Und ist zu leben satt hier, wo Ihr nicht regiert,
Wollt, ruhmlos heimgekehrt, den Euphrat Ihr beschämen?
Seid nicht zu rasch, verzieht, bis Cäsars Abschiednehmen
Euch Würden auferlegt, durch deren Majestät
Roms Freundschaft selbst den Rang der Könige erhöht.

– Entschlossen seh ich Euch, mein Fürst, Euch zu erniedern;
Denn Ihr erwidert nicht.
Antiochus.   Was soll ich dir erwidern?
Kommt Berenize? Sie versprach dir's? Und allein?
Arsazes.
Herr, doch...
Antiochus.   Mit ihrem Los wird meins entschieden sein.
Arsazes.
Mein König, wie?
Antiochus.   Ich will's aus ihrem Mund erfragen.
Stimmt, was sie selber sagt, mit dem, was alle sagen,
Hebt heute sie zum Thron ein kaiserlicher Schluß,
Hat Titus sich erklärt, so geht Antiochus.
Arsazes.
Dies nahe Hochzeitsfest beleidigt meinen Herren?
Antiochus.
Wenn wir zu Schiffe sind, werd ich mich dir erklären.
Arsazes.
– Welch Labyrinth, zu dem der Faden mir gebricht!
Antiochus.
Die Königin! – Leb wohl, und tu nach deiner Pflicht.
(Arsazes ab.)

VIERTE SZENE

Berenize. Phönize. Antiochus.

Berenize.
Den neuen Freunden hab ich endlich mich entzogen,
Die meinem künft'gen Glück zum Überdruß gewogen,
Und floh vor des Respekts langweiligem Gesicht
Zum alten Freund, der mir von Herz zu Herzen spricht.
Um wahr zu sein, ich war schon etwas ungeduldig,
Ich malte mir bereits Euch der Versäumnis schuldig.
Wie? Der Antiochus, sprach ich, des treuen Fleiß

Der ganze Orient und Rom zu rühmen weiß,
Der mir durch Schicksalsgunst, der mir durch
                              Schicksalsschläge
Geduldig nachgefolgt auf jedem meiner Wege,
Heut, da der Himmel mir vorauszukünden scheint
Den Glanz, den ich mit ihm zu teilen stets gemeint,
Heut läßt Antiochus mich einsam im Gedränge,
Verbirgt sich, gibt mich preis der unbekannten Menge?
Antiochus.
 – So, Fürstin, ist es wahr? Und in der Nähe schon
Winkt Euch – Ihr sagt es selbst – der langen Liebe Lohn?
Berenize. Nicht ganz – daß ich dem Freund mein Leid
                              vertraulich klage –
Blieb meine Wimper frei von Tränen dieser Tage.
Solang die Trauer noch bei Hof ihr Zepter schwang,
Litt meines Herrn Gemüt auch hier geheimen Zwang.
Er zeigte mir nicht mehr das schmachtende Verlangen,
Das früher unverweilt an meinem Blick gehangen;
Umflorten Angesichts, betrübt und sorgenvoll
War alles, was er sprach, ein seufzend Lebewohl.
Denkt mich, die für ihn glüht, die sich verzehrt im Stillen
Allein – ich schwor's Euch oft! – um seiner selber willen,
Die allem Glanze fern, der schaudernd ihn umgibt,
Sein Herz erkoren hat und seine Tugend liebt!
Antiochus.
Zur alten Zärtlichkeit ist er zurückgekommen?
Berenize.
Habt Ihr nicht gestern nacht am Opfer teilgenommen,
Da der Senat den Sohn im Vater fromm geehrt
Und den Vespasian für einen Gott erklärt?
Mit der erfüllten Pflicht will er sich nun bescheiden
Und, Fürst, nicht länger mehr den Dienst der Minne
                              meiden,
Weilt, ohne daß er mir ein Wort davon gesagt,
Jetzt eben im Senat, der auf Befehl heut tagt,

Daß er mein Reich – zu schmal dünkt Palästinas Grenze –
Noch durch Arabien und Syrien ergänze.
Und wenn ich glauben darf, was meiner Freunde Wort,
Was er mir selber schwor an manchem Tag und Ort,
Trägt Berenize bald so vieler Kronen Bürde,
Auf daß sie würdiger sei für ihres Kaisers Würde.
Man sagt, daß er mir's hier und bald verkünden soll.

Antiochus.
So nehm ich denn von Euch ein ewig Lebewohl!

Berenize.
Was spracht Ihr? Großer Gott, wie deut ich diese Zeichen,
Die finstre Miene, Fürst, den Abschied, das Erbleichen?

Antiochus.
Ich scheide, Königin.

Berenize.   Warum? Was wär' geschehn,
   Das ich nicht wüßte?

Antiochus *(beiseite).*
                        Narr! Wer hieß dich, sie zu sehn?

Berenize. Was schreckt Euch? Redet, sprecht, erklärt Euch
                                        ohne Säumnis!
Verbirgt dies Scheiden, Fürst, mir irgendein Geheimnis?

Antiochus.
Nun denn! – Bedenkt, Ihr hört mich heut zum letzten Mal,
Bedenkt, ich rede nur, weil Euer Wunsch befahl. –
– Wenn je, zum höchsten Ziel der Erdenmacht erkoren,
Ihr Königin, gedenkt des Lands, das Euch geboren,
Gemahn Euch's, daß mein Herz in jenen Landen schon
Dem ersten Strahl erlag, der Eurem Aug' entflohn.
Ich liebt', ich wähnte, durch Agrippas Gunst verteidigt
– Denn Euer Bruder sprach für mich –, Euch unbeleidigt,
Euch ohne Groll vielleicht gewogen meinem Ziel,
Als Titus, mein Rival', kam, sah und Euch gefiel.
Geschaffen war er, traun, ein jeglich Aug' zu blenden,
Der Held, der vor Euch stand, Roms Racheschwert in
                                        Händen.

Judäa schrak, dieweil in der besiegten Schar
Ich selbst, Antiochus, das erste Opfer war.
Gestrenge Deuterin des Schlags, der mich getroffen,
Verbotet Ihr mir bald die Klage wie das Hoffen.
Lang widersetzt' ich mich. Mein weinend Auge sprach,
Die Seufzer folgten Euch, wohin Ihr ginget, nach.
Zuletzt ließ Euer Zorn die Waage tiefer neigen;
Verbannung hieß mein Los, wo nicht, ein ewig Schweigen,
So ward besiegelt, so beschworen der Vertrag;
Doch nun die Stunde kam, erkühn ich mich und sag,
Als Ihr von mir erpreßt ein ungerecht Versprechen,
War dieses Herz gewillt, es augenblicks zu brechen.

Berenize.
Ihr wagt und sagt es mir?

Antiochus.   Fünf Jahre schwieg ich still
Und scheide heut, weil ich auch künftig schweigen will.
Damals gesellt' ich mich des Nebenbuhlers Heeren
Und sprach: nun folgt mein Blut dem Strome meiner
                                          Zähren.
Wo nicht, so redet doch nach tausendfält'gem Sieg
Vielleicht mein Name dort, wo meine Zunge schwieg.
Dann schien's, der Himmel gab ein Ende meines Lebens,
Ihr, Ihr habt mich beweint; doch, ach, es war vergebens,
Vergeudet die Gefahr; denn übertroffen weit
Ward mein verlorenes Mühn durch Titus' Tapferkeit.
Ich kann dem Heldenmut Bewundrung nicht versagen:
Bestimmt zum Thron der Welt nach seines Vaters Tagen,
Des Erdballs Wonne und noch durch Eure Liebe reich,
Schien er für sich allein zu fordern jeden Streich,
Weil hoffnungslos, verhaßt und müde meiner Qualen
Ich nur zu folgen schien dem glücklichern Rivalen.
– Ich seh, daß Euer Herz mir heimlich Beifall zollt,
Daß Ihr zufrieden lauscht, ja, daß Ihr minder grollt,
Bereit, dem Trauernden ein willig Ohr zu leihen
Und, weil er Titus rühmt, das andre zu verzeihen.

- Dann fiel - durch lange Zeit erbarmungslos berannt -
Ihm mit der Meutrer Rest verblutend in die Hand,
Die Hunger, Feuersnot und innrer Zwist zerrüttet,
Und lag, die stolze Stadt, im eignen Sturz verschüttet;
Und Rom, o Königin, sah Euch mit ihm zugleich:
Mir blieb der Orient, ein leergewordnes Reich.
Dort irrt' ich lange Zeit durch Cäsareas Gauen,
Die mir zuerst vergönnt, Euch, Liebliche, zu schauen,
Und forderte umsonst von der verlaßnen Flur
Mit Tränen Euch zurück und Eurer Sohle Spur.
Und als zuletzt mich doch Verzweiflung übermannte,
Verschlug mein Unmut mich hier nach Italiens Strande.
Hier blieb mir aufgespart der schwerste Schicksalsstreich:
Titus umarmte mich und führte mich - zu Euch!
Der Freundschaft frommer Trug, den beide nicht
                                  durchschauten,
Gab meine Liebe dann der Euren zur Vertrauten.
Und dennoch lag mir stets die Hoffnung schmeichelnd an:
Vespasian und Rom durchkreuzten Euren Plan.
Wer würde siegen, wer des Kampfes müde werden?
- Vespasian ist tot und Titus Herr der Erden.
Wär' ich nur gleich geflohn! - Doch mich besprach mein
                                  Gram,
Zu prüfen, welchen Weg der neue Kaiser nahm.
Mein Schicksal ist erfüllt, nun Eures sich bereitet.
Genug sind ohne mich, von denen Ihr geleitet
Dies hohe Fest begeht, gefeiert und umringt;
Ich aber, der Euch nichts als seine Tränen bringt,
Verlorner Liebe Knecht, standhaftig im Erdulden,
Im Unglück noch beglückt, weil ich mit Euren Hulden
Dem schönsten Aug' gestand, wie hart es mich gestraft,
Scheid, tiefer nur verstrickt in meine Leidenschaft.
Berenize.
Ich hätte nie geträumt, daß, wenn der Tag erscheine,
Der Cäsars hohes Glück mit meinem Los vereine,

Ein Sterblicher – es sei, wer's immer sei – sich fänd',
Der seine Liebe hier mir ungestraft geständ'.
Doch weil, o Fürst, bei mir die Freundschaft Euch
                              verteidigt,
Verschweig ich und vergeß, was irgend mich beleidigt.
Ich unterbrach Euch nicht, ließ Eure Kühnheit gehn,
Ja, mehr, ich werd Euch nicht ohn' Kummer scheiden sehn.
Der Himmel weiß, ich hab im Schwarm der Ehren heute
Nur Euch herbeigesehnt zum Zeugen meiner Freude,
Pries Eure Tugenden mit aller Welt zugleich;
Denn Titus schien durch Euch, Ihr schient durch Titus reich.
Oft war es mir – und süß bedünkte mich die Schwäche –,
Als ob durch Euren Mund mir Titus selber spräche.

Antiochus.
Grad deshalb muß ich fliehn. Ich meide – nur zu spät! –
Das grausame Gespräch, das mich mit mir verrät,
Ich fliehe Titus, flieh den Namen, der mich kränket,
Wenn Eure Lippe sein zu jeder Frist gedenket...
Was sag ich mehr? – Ich flieh der schönen Blicke Bahn,
Die mich allzeit gesehn und die mich niemals sahn!
Lebt wohl! – Ich geh, das Herz zu voll von Eurer Schöne,
Erwarten einen Tod, der meine Leiden kröne.
Doch fürchtet nicht, es fordr' ein gramverblendet Herz
Den Widerhall der Welt für seinen Liebesschmerz.
Erst wenn ich nicht mehr bin, mag ein Gerücht es wagen
Und meiner Königin, daß ich noch lebte, sagen. – –
Lebt wohl. *(Antiochus ab.)*

FÜNFTE SZENE

Berenize. Phönize.

Phönize. Welch standhaft Herz, wie sehr beklag ich ihn!
Verdient er solch Geschick? Sagt, hohe Königin,
Beklagt Ihr ihn nicht auch?

Berenize.   Ich muß gestehn, ich leide
    Nicht ohne stillen Schmerz, daß er so von mir scheide.
Phönize.
    Gehalten hätt' ich ihn.
Berenize.   Gehalten? Ihn? – Und ich?
    Sein Angedenken selbst verbietet sich für mich.
    Du willst, ich schmeichle noch dem rasenden Begehren?
Phönize. Bislang hat Titus nicht geruht, sich zu erklären.
    Roms eifersüchtiger Blick, der meiner Fürstin droht,
    Erschreckt mich. – Noch besteht das eherne Gebot;
    Der Römer wählt nach ihm nur unter Römerinnen.
    Wähnt Ihr, Roms Königshaß macht halt vor Königinnen?
Berenize.
    Die Zeit, Phönize, da wir zitterten, verschwand.
    Er liebt mich, er ist Herr! Ein Wink von seiner Hand,
    So wird sich der Senat zu meiner Schwelle finden,
    Das Volk um unser Bild die Blumenkette winden.
    Phönize! Sahst du nicht des Opferfestes Pracht,
    Steht dir vor Augen nicht die Größe dieser Nacht?
    Der Fackeln grelles Licht, des Scheiterhaufens Flammen,
    Liktorenstab und Aar, Volk und Armee mitsammen,
    Der Könige Gefolg', die Konsuln, der Senat,
    Der allen Glanz von ihm allein entliehen hat?
    Der Purpur und das Gold, mit Lorbeern unterwunden,
    Die alle Cäsars Ruhm und seinen Sieg bekunden,
    Die Blicke, die man sah, von allen Enden her
    Auf ihn allein gewandt mit staunender Begehr?
    Der Haltung Majestät, das gnädige Bezeigen,
    Warb sie nicht jedes Herz ihm unvermerkt zu eigen?
    Ihm ewig treu zu sein gelobte jeder sich.
    Denn sag, wer konnt' ihn sehn und dachte nicht wie ich,
    Es hätte, wär' er auch in Niedrigkeit geboren,
    Die Welt beim ersten Blick ihm Huldigung geschworen?
    – Wohin verirr ich mich in meiner Schwärmerei!
    Eilt Rom, das ganze Rom nicht eben jetzt herbei

Und wünscht dem Titus Glück und weiht mit
                              Opferspenden
Heilrufend den Beginn des künftigen Regenten?
Phönize, säume nicht, wir bringen am Altar
Dem Himmel, der ihn schirmt, auch unsre Wünsche dar!
Dann ungesehn zurück, denn hier soll es geschehen,
Hier wart ich, will ihm hier beim ersten Wiedersehen
Gestehn, welch heißer Trieb – zu lange schon verhehlt –
Ein liebendes Gemüt dem anderen vermählt.

ZWEITER AKT

ERSTE SZENE

Titus. Paulin. Gefolge.

Titus. Der Commagenerfürst? Hat man in meinem Namen
  Gemeldet, daß ich ihn erwarte?
Paulin.   Leider kamen
  Wir um ein weniges zu spät und suchten ihn
  Umsonst im Vorgemach und Saal der Königin.
  Doch wird ihn der Befehl auf jedem Weg ereilen.
Titus. Gut. – Und was unternahm die Königin derweilen?
Paulin. Herr, Berenize ging, für Euer Wohlergehn
  Mit Opfer und Gelübd' den Himmel anzuflehn;
  Sie dankt Euch!
Titus.   Holder Dank! – Und der mich doch mit stummer
  Verzweiflung schlägt!
Paulin.   Ihr Dank macht meinem Herren Kummer?
  Das halbe Morgenland wird ihr erbötig sein.
  Beklagt Ihr sie?
Titus.   Paulin! – man laß uns hier allein.
              (Gefolge ab.)

ZWEITE SZENE

Die Vorigen ohne Gefolge.

Titus. Wohlan. – So wartet Rom, bis heut im Ungewissen,
Was über das Geschick der Königin wir beschließen.
Und was ihr Herz und meins im Stillen lang verhehlt,
Ward jeder Lippe feil und läuft durch alle Welt.
Die Zeit erschien. – Ich muß mich öffentlich entscheiden.
– Wohin geht unterm Volk die Rede von uns beiden?
Was sagt die Welt, Paulin?
Paulin.   Die Welt? Ein jeder Mund
Macht Eure Tugenden und ihre Schönheit kund.
Titus.
Und was gewärtigt man von meiner Neigung? Bliebe
Mir heut noch unvergönnt der Lohn getreuer Liebe?
Paulin. Ihr seid allmächtig. – Liebt, stellt Euer Lieben ein,
Der Hof wird jedesmal auf Eurer Seite sein.
Titus. Ich kenne diesen Hof und kenne sein Gewissen. –
Hab ich ihn nicht gesehn vor Nero selbst – geflissen
Um eines Mörders Dank – bemänteln jede Schmach
Und heiligen auf Knien, was der Tyrann verbrach?
Nein, kein bestochner Hof, des Schmeichler mich verraten,
Geraumere Bühne sei der Schauplatz meiner Taten.
Ich will, daß eh' mein Ohr der Lippendienst besticht,
Mir meines Volkes Herz aus deinen Worten spricht.
Du hast mir's zugelobt. Wohl weiß ich, daß der Klage
Furcht und Respekt am Thron den Zugang untersage;
Um mehr zu hören, mehr zu sehn, hab ich, Paulin,
Dein Auge mir, dein Ohr und deinen Mund entliehn.
So wurdest du mein Freund, so solltest du mir's danken,
Du solltest Dolmetsch sein der Herzen und Gedanken,
Daß Wahrheit immerfort durch alles Hofgesind'
In deinem Treugeleit den Weg zum Kaiser find.
Sprich! – Berenize darf – darf oder muß? –, sag's offen,
Roms Urteil fürchten, Freund, auf seine Nachsicht hoffen?

2. Akt, 2. Szene

Wär's möglich, daß, im Thron dem Kaiser zugesellt,
Die schönste Königin dem Römeraug' mißfällt?
Paulin.
Recht oder Unrecht, Rom – laßt alle Zweifel fahren –
Gönnt ihr mit Willen nie den Sessel der Cäsaren.
– Man huldigt ihrem Reiz und weiß gewiß, es fällt
In schönre Hände nie der Herrscherstab der Welt;
Man rühmt sogar ihr Herz gleich dem der Römerinnen,
Rühmt tausend Tugenden. Doch, Kaiser, Königinnen,
Entsprossen fremdem Blut, verbeut Gesetzeszwang,
Den niemand noch gebeugt, so Römer-Recht als Rang,
Gönnt Freund und Frieden nicht dem unerwünschten
              Segen
Des Bundes und des Betts, die seinem Spruch entgegen.
– Rom hat, Ihr wißt's, voreinst die Könige verbannt
Und ihren Namen, eh' der frommsten Ehrfurcht Pfand,
Seither mit Haß belegt und läßt den Groll nicht fahren.
Und wenn es heut gehorcht und huldigt den Cäsaren,
Hat doch der zähe Trotz, der Königen widerstrebt,
In aller Herzen, Herr, die Freiheit überlebt.
Der erste Cäsar selbst, der ihr Gesetz vorm Siege
Der Waffen schweigen hieß im Lärm der Bürgerkriege,
Ließ doch Kleopatra, für die sein Herz entbrannt,
Am Nil zurück und hat sie niemals anerkannt.
Dann, als von ihrem Reiz mit Raserei besessen,
Vor ihr Antonius Ruhm und Vaterland vergessen,
Der freilich nicht mit ihr die Heirat förmlich schloß,
Kam Rom und fand und traf den Buhlen ihr im Schoß
Und barg, entbrannten Grimms, eh' die Verbuhlten beide
Vom Erdenrund vertilgt, das Schwert nicht in der Scheide.
Nero, Caligula – ungern an diesem Ort
Denkt ihrer Namen, Herr, und ihres Greuls mein Wort –,
Die Menschlichs weiter nichts denn Menschenantlitz hatten
Und Roms geheiligtes Gesetz mit Füßen traten,
Sie scheuten dieses Recht, wenn keines sonst; denn traun,

Verhaßten Ehebund gab keiner uns zu schaun.
Herr, daß ich's offen sag: Wir sahn in fremden Landen
Des Pallas Bruder, kaum gelöst aus Sklavenbanden,
Der noch die Narben trug, die man ihm eingebrannt,
Von Königinnen zwein gewinnen Thron und Hand,
Und, wenn Euch bis zum Schluß gehorsamt meine Lippe:
Zwei Königinnen sind's aus Berenizens Sippe.
Wähnt irgendwer, wir schaun mit ungekränktem Sinn,
Daß sie des Kaisers Bett beschreite, Königin,
Dieweil der Orient in seinen Königsbetten
Den Knecht gewähren läßt, noch wund von unsern Ketten?
Das ist's, o Herr, was Rom von Eurer Liebe meint.
Ich stehe nicht dafür, daß eh' die Nacht erscheint,
Euch mit dem gleichen Wort die Schar der Senatoren
Nicht heimsucht, die das Reich zum Fürsprech sich erkoren,
Und Rom auf Knieen sich mit ihr zugleich erklärt
Und fleht um eine Wahl, die sein und Eurer wert.
Noch kann mein Kaiser sich zur Antwort Zeit vergönnen.
Titus. Paulin! – Von welchem Glück begehrt man mich zu
        trennen!
Paulin. Groß freilich muß es sein. – Wer zweifelte daran?
Titus. Mehr, tausendfältig mehr als einer denken kann!
Sie Tag für Tag zu sehn, ihr Freude zu bereiten,
War mir die seligste von allen Seligkeiten.
Doch mehr als das, weit mehr! – Denn laß mich's ohne
        Zwang
Gestehen: hundertfach wußt' ich den Göttern Dank,
Die meinen Vater fern aus Idumäa brachten,
Zum Herrn des Morgenlands und seiner Heere machten,
Bis dann die ganze Welt ihm zu Gebote stand,
Rom blutend segnete des Friedenbringers Hand.
Ich sehnte mich sogar nach meines Vaters Bürde,
Ich, der ich tausendmal gewünscht, gehofft, ihm würde
Durch hoher Götter Gunst die Lebenszeit verlängt
Und meiner Tage Bahn dagegen eingeschränkt;

Nur – welchem Wahnsinnswunsch wär' Liebe nicht
                              ergeben! –
Um Berenize selbst zum Thron emporzuheben,
Gewärtigend des Tags, da – mir auf Knien gesellt –
Gekrönter Lieb' und Treu' zu Füßen fall' die Welt.
Und nun! – Trotz alledem, trotz allem Liebeswähnen
Und Schwur, bekräftiget, Paulin, durch meine Tränen,
Heut, nun ich ihrer Huld die Krone reichen könnt',
Nun glühender denn je mein Herz nach ihr entbrennt,
Die nächste Stunde schon uns zwei vereint gewähren,
Ein Tag erfüllen kann, was wir ersehnt seit Jahren,
Werd ich und darf es mir noch selber kaum gestehn,
Sie heißen ...
Paulin.   Heißen? Herr!
Titus.   Auf ewig von mir gehn.
Nicht dieser Augenblick hat mir das Herz gebrochen:
Wenn ich dich reden hieß, wenn du zu mir gesprochen,
Wollt' ich, daß insgeheim dein strenges Wort, Paulin,
Bekräftige den Schluß, der schmerzlich mir gediehn.
Ließ Berenize lang im Gleichgewicht Gedanken,
Vor Pflicht und Ehre nun zu leicht befundne, schwanken,
Glaub mir, ein harter Kampf entschied den Herzenszwist,
Den nicht ein Tag gebar, den nicht ein Tag beschließt.
– Ich lebte, liebte, Freund, versenkt in tiefen Frieden;
Das Weltenregiment war anderen beschieden.
Herr über mein Geschick, um keinen Wunsch gestraft,
Gab ich mir selber nur der Liebe Rechenschaft.
Doch nun dem Vater ich, den mir der Tod genommen,
Die Lider zugedrückt mit Sohneshänden, frommen,
Und die mir auferlegt, die Last, empfunden kaum,
Stand ich ernüchtert da vor meinem Liebestraum,
Und wußte nur zu bald, statt meinem Wahn zu frönen,
Müßt' ich mich zum Verzicht aufs eigne Selbst gewöhnen,
Weil, meiner Liebe feind, mich hoher Götter Wahl
Für meiner Tage Rest zum Dienst des Reichs befahl.

Rom hat vor Augen heut den Anfang meiner Taten;
Es wäre Schmach für mich, wär übel ihm geraten,
Wenn, mit dem ersten Schritt verhöhnend das Gesetz,
Ich meines Glückes Thron auf seine Trümmer setz.
Gewillt das Opfer, Freund, zu bringen und zu leiden,
Wollt' ich das ärmste Herz der Freundin vorbereiten.
Doch wo beginnen? – Ah, wohl mehr denn zwanzigmal
Tat ich die Lippen auf, hub an. – Doch meine Qual
Schien stumm; die Zunge blieb erstarrt und ohne Leben
Mir schon beim ersten Wort am Gaumen stammelnd
                              kleben.
Noch hofft' ich zwar, mein Gram und meine Herzensnot
Geb' ihr ein Vorgefühl des Jammers, der uns droht;
Vergebens! – Sonder Arg versucht sie, meinen Zähren,
Um meinen Schmerz bemüht, mit eigner Hand zu wehren.
Sie bleibt im Dunkeln, ahnt im Leid, das mich befiel,
Nicht, was sie nicht verdient, der Liebe traurig Ziel.
– Zusammen rafft' ich heut die Kräfte, die mir eigen,
Paulin. – Ich muß sie sehn, muß brechen dieses
                              Schweigen.
Ich rief Antiochus; empfang der treue Mann
Das Kleinod, das ich selbst nicht länger wahren kann.
Ins ferne Morgenland wird er sie heimgeleiten;
Mit ihm sieht morgen früh Rom Berenize scheiden.
In Bälde wird ihr selbst aus meinem eignen Mund
Mit einem letzten Wort, was ich beschlossen, kund.
Paulin.
Die Ruhmbegier, zu der mein Kaiser sich bekannte,
Die weit und breit den Sieg an Eure Fersen bannte,
Judäas Untergang und seiner Zinne Fall,
Der höchsten Tapferkeit beständig Ehrenmal,
War Bürge mir, o Herr, daß Euer kühnes Trachten
Nicht würd' am Ziele selbst sein eigen Werk mißachten,
Und daß, die Volk nach Volk zu Boden warf, die Kraft
Beizeiten Meister würd' der eigenen Leidenschaft.

Titus. Freund, Larven trägt der Ruhm; dahinter wohnt
                              das Grauen!
Um wieviel lieber würd' mein trauernd Aug' ihn schauen,
Gält' es auch heute noch Gefahr bestehn und Tod.
Wenn er mich dennoch lockt, wenn dennoch sein Gebot
Dies Herz entflammt, wer hat die Flamme mir entzündet?
Du weißt, es hat der Ruf nicht ständig mir verbündet
Des gleichen Namens Glanz mir jederzeit verliehn.
Ließ meine Jugend nicht an Neros Hof, Paulin,
Durch Beispiel schnöden Tuns sich ungewarnt betrügen,
Auf der gelegnen Bahn zu folgen dem Vergnügen?
Doch Berenize kam! – Was tut ein Herze nicht,
Daß sich um Minnedienst der Minne Lohn verspricht!
Ich gab mein Blut zum Pfand und zog vom Feld der
                              Ehren
Als Triumphator heim. – Doch Seufzer, Blut und Zähren
Bedünkten meinem Dienst ein schwaches Probestück:
Viel Tausend litten Not; ich unternahm ihr Glück,
Tat Herz und Kammern auf, die Notdurft zu beschenken,
Glücklich, ja glücklicher, als du vermagst zu denken,
Wenn ich vor ihres Augs zufriednem Blick erschien,
Beladen mit dem Dank, der meines Tuns Gewinn.
Ihr, ihr verschuld ich's Freund! Grausamer Dank! Denn
                              alles,
Was ich ihr schuldig bin, wird Ursach' ihres Falles!
Zum Lohn für so viel Ruhm und so viel Tugenden
Werd ich ihr sagen: Geht, auf Nimmerwiedersehn!
Paulin.
Mein Kaiser! Wie? Grenzt nicht Belehnung sondergleichen
Heut Berenizens Macht des Euphrats fernsten Reichen?
Der den Senat erschreckt, der Ehren Überschwang
Läßt Euch noch fürchten, Herr, Ihr scheidet ohne Dank,
Wenn hundertfältig Volk der neuen Herrschaft huldet?
Titus.
Ohnmächtiger Trost dem Gram, den ich an ihr verschuldet!

Ich kenne sie, Paulin, und weiß nur allzusehr,
Nach meinem Herzen trug ihr Herz allein Begehr.
Ich liebte sie, sie mich und hielt seit jenen Tagen
Des Unheils oder Heils – wüßt' ich es heut zu sagen? –
Ihr liebevoll Gemüt mir einzig zugewandt.
Sie, Fremdlingin in Rom, bei Hofe kaum genannt,
Verbrachte Tag für Tag, um einzig zu gewarten
Der Stunde des Gesprächs mit mir. Der Rest hieß Warten.
Hab ich vielleicht einmal mit unbedachtrem Sinn
Den Augenblick verfehlt, den ich erwartet bin,
Gewahr ich sie sogleich in Tränen, die mir flossen,
Bis diese Finger sie getrocknet, hingegossen.
Was Seel' und Sinne lockt, was Lieb' um Liebe wirbt,
Vorwurf, der zärtlich brennt, Entzückung, die nicht stirbt,
Kunstlos Gefallen, Furcht, die dich beglückt und peinigt,
Stolz, Schönheit, Unschuld, Geist fand ich in ihr vereinigt.
Fünf Jahre sind's, daß wir uns Tag für Tage sehn,
Und ist doch jedesmal, als wär's zuerst geschehn.
Komm! – Denken darf ich's nicht! – Paulin, schon in
                      Gedanken
Beginnt die grausame Beständigkeit zu wanken!
Welch eine Botschaft – Gott! – wird ihr von mir geschehn. –
Ausdenken will ich's nicht und kann's nicht. – Komm, wir
                      gehn. –
Ich kenne meine Pflicht und folg ihr ins Entsagen.
Ob ich es überleb, und wie, darf ich nicht fragen.

DRITTE SZENE

Die Vorigen. Rutilius.

Rutilius. Herr, Berenize naht und bittet um Gehör.
Titus.
   Paulin!
Paulin. Wie nun? Ihr wankt? Gilt Euer Wort nicht mehr?

Der Kaiser sei gedenk, was er sich vorgenommen.
Die Stunde schlug!
Titus.   Es sei. Wir sehn sie. – Sie mag kommen.
(Rutilius ab.)

VIERTE SZENE

Titus. Paulin. Berenize. Phönize.

Berenize.
Zürnt meinem Vorwitz, Herr, und Übereifer nicht,
Der Eurer Einsamkeit erlaucht Geheimnis bricht.
Mir kündet Euer Hof, um mich von allen Enden
Versammelt, die durch Euch mir zugedachten Spenden.
Wär's billig, sollt' und dürft' ich einzig und allein
Ohn' einen Widerhall und eine Stimme sein?
Doch, lieber Herr (ich weiß, der Freund hier Euch zuseiten
Kennt unser beider Herz und seine Heimlichkeiten),
Die Trauerzeit lief ab, nichts hindert Euch fortan;
Ihr seid mit Euch allein, und niemand sagt mir's an?
Ihr schmücktet meine Stirn mit neuen Diademen,
Ich hör's und darf es doch nicht von Euch selbst
                                        vernehmen?
Ach, gönnt Euch längre Rast, gönnt mir geringern Schein! –
Spricht Eure Liebe denn vor dem Senat allein?
Ah, Titus (wag ich's drum; denn Liebe flieht die Bängnis
Der Namen, die der Furcht und des Respekts Gefängnis),
Nimmt Eure Liebe jetzt sich neuer Sorgen an,
Hat sie nur Staaten, Freund, die sie verschenken kann?
Ein Seufzer und ein Blick – seit wann ward Euch die
                                        Kunde,
Daß mich der Ehrgeiz plagt? – ein Wort von Eurem
                                        Munde,
Da schaut das hohe Ziel, zu dem ich mich bekannt:
Seht lieber öfters mich und kommt mit leerer Hand.

Gilt jeder Augenblick dem Reich und seinen Plagen?
Hat nach so langer Frist dies Herz mir nichts zu sagen?
Ich atme schon, wenn ich ein Wort von Euch erhascht.
Sagt, sprachet Ihr von mir, als ich Euch überrascht?
Ward der geheime Rat gehalten meinetwegen?
War in Gedanken, Herr, ich wenigstens zugegen?
Titus. Die Götter mögen mir's bezeugen, Königin,
Daß Berenize stets gewärtig meinem Sinn.
Kein Fernsein, keine Zeit – ich schwör's noch einmal! –
   können
Dies liebevolle Herz von Eurem Herzen trennen.
Berenize.
Ihr schwört mir eine Glut, die, sagt Ihr, ewig glimmt,
Und tut's in einem Ton, der zu dem Schwur nicht stimmt! –
Was ruft Ihr feierlich den Himmel selbst zum Zeugen,
Als wären Eide not, daß meine Zweifel schweigen?
Will denn vielleicht mein Herz Euch Lügen strafen, Herr?
Ein Wort wär' schon genug; ein Seufzer wäre mehr.
Titus.
Königin!
Berenize. Kaiser, nun? – Ihr kehrt Euch ab, bedeckt Euch
   Das Antlitz, Herr? Was ist's, was ängstet, was erschreckt
   Euch?
Zeigt Ihr mir immer nur dies steinerne Gesicht,
Draus Eures Vaters Tod und Eure Trauer spricht?
Kann nichts denn Euer Leid Euch von der Seele heben?
Titus. Ach, wollte das Geschick, mein Vater wär' am Leben!
Ich dürfte glücklich sein!
Berenize.   Ich weiß, dies tiefe Leid
Ist würdig eines Sohns und seiner Frömmigkeit.
Doch ehretet Ihr genug mit Tränen sein Gedächtnis:
Euch fordert heute Rom und Eures Ruhms Vermächtnis.
Ich wage kaum von mir zu reden. – Doch mich deucht,
Daß meine Gegenwart Euch einst zum Trost gereicht.
Einst durfte mein Gespräch Euch Euren Kummer stillen.

– Von wieviel Ungemach verfolgt um Euretwillen,
Gab um ein Wort von Euch zufrieden sich dies Herz! –
Ihr weint dem Vater nach; sanft dünkt mich dieser
       Schmerz!
Mir wollte – der Gedank' läßt mich noch jetzt erbeben –
Man rauben, liebster Herr, die Liebe, die mein Leben!
Mir, deren Herzensangst und Ungeduld Ihr kennt,
Wenn's nur ein Stündlein gilt, das Euch von mir getrennt,
Die sterben würde, wollt' ihr jemand untersagen
Euch fürder...

Titus.   Königin! Was kamt Ihr mir zu sagen! –
In diesem Augenblick! – Übt Gnade, haltet ein;
Dem Undankbaren wird die Güte selbst zur Pein.

Berenize.
Dem Undankbaren? Herr, und sollt' ich's glauben müssen,
Daß meine Gegenwart und Freundschaft Euch verdrießen?

Titus.
Nein, niemals, Königin! – Noch einmal sei's bekannt,
Daß nimmer noch dies Herz in solchen Flammen stand.
Doch...

Berenize.
  Redet!

Titus. Weh mir!

Berenize. Sprecht!

Titus.   Rom und das Reich – ertragen...

Berenize.
Und was denn? – –

Titus.   Fort, Paulin! – Ich kann ihr jetzt –
       nichts – sagen.

     (Beide ab.)

FÜNFTE SZENE

Berenize. Phönize.

Berenize.
Er läßt uns hier allein und gönnte mir kein Wort?
Phönize, welch Gespräch! – Was trieb ihn von mir fort?
Was ist geschehn? Was hat dies Stummsein zu bedeuten?
Phönize.
Je mehr ich denk und sinn, je minder kann ich's deuten.
Prüft selber, Königin, ob irgend unbedacht
Ein Tun, ein rasches Wort den Kaiser aufgebracht.
Besinnt Euch!
Berenize.   Glaube mir, je länger ich's erwäge
Und alles, was geschehn, erforsch und überlege,
Vom ersten Anbeginn bis auf den Unheilstag,
Wär's zuviel Liebe nur, die man mir schelten mag.
Du hast uns angehört. Du weißt vielleicht im Stillen
Das Wort und sagst mir's nicht, das wider meinen Willen
Ihn kränkte? Hat zu kühn mein ungebärdig Herz
Mißachtet sein Geschenk, getadelt seinen Schmerz?
Sag! – Wär's der Römerzorn? Beginnt er den zu scheuen?
Und fürchtet – fürchtet sich die Königin zu freien?
Dann wehe mir! – Doch nein! Zu oft beschwor er schon,
Kein grausames Gesetz sprech' unsrer Liebe Hohn.
Zu oft! – – Komm mit mir, komm! – Er soll mir Antwort
    geben,
Phönize, kann ich denn in diesem Zweifel leben
Und atmen, wenn mein Herz in steter Angst bedenkt,
Daß er mich einsam läßt und daß ich ihn gekränkt?
Auf, eilen wir ihm nach! – Zwar, wenn ich mich nicht irre,
Mein ich, daß ich zuletzt den Knoten doch entwirre.
Ihm ward, Phönize, kund, was hier mein Antiochus
Vor kurzem mir gestand und was ihn kränken muß.
Der Kaiser hat ihn schon – du weißt's – hieher entboten.
Das sind und weiter nichts die Schrecken, die mir drohten.

Was such ich andern Grund? Ein flüchtiger Verdacht,
In Bälde widerlegt, ist, was mir Kummer macht.
– Fast schäm ich mich des Siegs, mein Titus! – Wär's zu
                                                denken,
Daß, ohne deinen Rang und Cäsars Ruhm zu kränken,
Ein größerer Rival' bestürmte meine Ruh',
Der mir zu Füßen würf' mehr Länder, Freund, denn du,
Der meiner Flamme Lohn darwög' in Herrscherstäben,
Und du, du hättest mir nichts als dein Herz zu geben,
Dann würdest siegreich du, vor allen auserwählt,
Gewahr, wieviel dein Herz vor meinen Augen gelt'.
Phönize, rasch! – Ein Wort, ein einziges, hilft uns allen!
Du darfst ihm, armes Herz – erhol dich! –, noch gefallen;
Du gabst dich allzuschnell verloren und betrübt:
Fühlt Titus Eifersucht, so bin ich noch geliebt!

DRITTER AKT

ERSTE SZENE

Titus. Antiochus. Arsazes.

Titus.
Wie, Fürst, und Ihr verreist? Welch plötzliches Beginnen
Treibt Euch mit rascher Fahrt, vielmehr mit Flucht von
                                                hinnen?
Selbst Euer Lebewohl habt Ihr mir nicht gegönnt.
Wär's möglich, daß Ihr Euch von Rom in Mißmut trennt?
Was wird mit mir der Hof, das Reich, die Hauptstadt
                                                sagen?
Und ich als Euer Freund, muß ich mich nicht beklagen?
Was legt Ihr mir zur Last? Ließ in der Könige Troß
Ich Euch beiseite stehn an Dank und Ehren bloß?

Gab ich Euch nicht mein Herz – bei meines Vaters Leben
Das einzige Geschenk, das mir erlaubt zu geben?
Und nun sich meiner Hand dies Herz bedienen kann,
Heut, da mein Dank Euch sucht, wollt Ihr ihn nicht
                              empfahn?
Vermeint Ihr, ich vergaß vergangener Geschicke,
Auf meiner Größe nur verweilend mit dem Blicke,
Vor dem der alte Freund, dem Unbekannten gleich,
Den ich getrost entbehr, in Nebeldunst entweich?
Grad Ihr, den ich noch kaum auf halber Flucht betreten,
Seid eben heute, Fürst, mir mehr denn je vonnöten.
Antiochus.
Ich?
Titus. Freilich, Ihr.
Antiochus.   Vermag ein Fürst im Unglück mehr
Für Euer Wohlergehn als fromme Wünsche, Herr?
Titus.
Euch, Fürst, verdankt mein Sieg die Hälfte, voll gemessen,
Des Ruhms, den er erwarb. Meint Ihr, ich hab vergessen,
Daß mehr denn *einer* schritt in Roms Gefangnenzug,
Der, von Antiochus gefesselt, Ketten trug,
Und daß im Kapitol am heiligen Gewände
Judäas Beute prangt, geraubt durch Eure Hände?
– Nicht solches blutigen Diensts versehn wir uns für heut,
Wir bitten, Fürst, daß Ihr uns Eure Stimme leiht.
Ich weiß, wie gerne sich, wie dankbar Berenize
Des Freundes rühmt, den sie seit langer Zeit besitze;
Sie sieht und hört in Rom Euch einzig und allein:
Ein Herz und ein Gemüt, Ihr seid es mit uns zwein.
Im Namen einer Treu so standhaft und so selten
Macht heut vor ihr das Recht, das längsterworbene, gelten.
Sprecht sie für mich.
Antiochus.   – Für Euch? – – Herr, Eure Königin
Vernahm mein Abschiedswort: „Auf ewig!" war sein
                              Sinn.

Titus.
Und dennoch müßt Ihr sie noch einmal für mich sprechen.
Antiochus. Ah, sprecht sie selber, Herr! – Was wollt Ihr
                                   Euch entbrechen,
Ihr, den die Fürstin liebt, des süßesten Geschicks
Und selbst nicht Bote sein und Bringer ihres Glücks?
Mit Ungeduld, o Herr, erharrt sie Euer Kommen;
Und als ein Scheidender bürg ich: Ihr seid willkommen.
Sie selbst vertraute mir, beschlossen sei der Bund,
Und sie gewärtige der Frag' aus Eurem Mund.
Titus.
Ah, wenn mir das Geschick ein solch Geständnis gönnte,
Wie glücklich dürft' ich sein, wenn ich sie fragen könnte!
Heut sollte meines Traums Erfüllung reifen. – Heut,
O Fürst, verlaß ich sie, weil mir die Pflicht gebeut.
Antiochus.
Ihr sie verlassen? – Herr!
Titus.   So will es mein Verhängnis.
Für Titus und für sie gibt es kein froh Begängnis
Erwünschten Ehebunds, gibt's keiner Hoffnung Lohn. –
– Der nächste Morgen, Freund, führt sie mit Euch davon.
Antiochus.
Ihr Himmlischen!
Titus.   Beklagt das Unglück meines Glückes.
Ich, Herr der ganzen Welt, ich, Lenker des Geschickes,
Der Königen bestimmt ihr Amt und seinen Tag,
Ich darf mein eigen Herz nicht gönnen, wem ich mag.
Rom, das den Königen seit alters nicht gewogen,
Schwor jeder Schönheit Haß, im Purpur aufgezogen;
Der Glanz des Diadems und fürstlich Ahnenblut
Entehren meine Wahl und reizen seine Wut.
Frei stünd' mir's freilich, daß ohn' Furcht vor seinem
                                    Grolle
Der letzten Schönen ich verworfne Flammen zolle,
Da vor der Niedrigsten, die Römerschoß gezeugt,

An meiner Hand sich Rom im Staub geduldig beugt.
– Selbst Cäsar mußte sich vor solchem Sturm bescheiden.
Sieht morgen dieses Volk die Königin nicht scheiden,
Gellt morgen ihr ins Ohr der Aufruhr, der empört
Von mir den Bannspruch – ihr ins Angesicht! – begehrt.
Die Schmach darf weder mich noch ihren Stolz betreten.
Was unser Ruhm gebeut, wir tun es ungebeten.
– Mein trüber Blick, mein Mund, verstummt seit manchem
                              Tag,
Bereiteten vielleicht ihr Herz für diesen Schlag.
Jetzt eben heischt, o Fürst, ihr ängstliches Begehren,
Ich solle, was mich drückt, ihr Aug' in Aug' erklären.
Helft einem Liebenden, erleichtert um den Schmerz
So traurigen Gespräch's dies schwerbeklommene Herz!
Geht hin, enträtselt ihr mein Zaudern und mein
                              Schweigen,
Macht, daß sie nicht begehrt, ich soll mich vor ihr zeigen.
Der unsre Tränen sah, der Einzige bleibt Ihr.
Bringt meinen Abschied ihr und bringt den ihren mir;
Laßt meiden, meiden uns ein Schauspiel, das am Ende
Doch unser beider Herz nicht fest genug erfände. –
Wenn Hoffnung, daß sie herrsch' und leb' in meinem Sinn,
Je zu versüßen taugt das Leid der Königin,
Geht, Fürst, und meldet ihr: in Treuen, endelosen,
Einsam vor meinem Hof und mehr denn sie verstoßen,
Trag ihre Ketten ich bis an des Grabes Rand,
Ich, in mein Kaisertum auf immerdar verbannt,
Wenn je der Himmel – nicht mit seinem Raub zufrieden –
Noch langen Lebens Schmerz mir obendrein beschieden.
– Ihr, den die Freundschaft längst verbunden ihrem Pfad,
Fürst, o verlaßt sie nicht im Unglück, das ihr naht.
Folgt ihr ins Morgenland, begleitet ihre Reise,
Daß sie sich als Triumph und nicht als Flucht erweise.
Der Freundschaft, die so schön, legt ew'ge Dauer bei,
Sorgt, daß mein Name stets auf beider Lippen sei! –

– Um Euer Land und ihrs noch mehr in eins zu schließen,
Soll Grenze beiderseits der Euphrat künftig fließen.
Ich weiß es: der Senat, erfüllt von Eurem Ruhm,
Bestätigt einsgesinnt Euch dieses Eigentum.
Cilicien fügen wir an Eure Commagene.
Und so lebt wohl! – Verlaßt die Herrin nicht, die schöne,
Die Königin nicht! – Ihr galt mein Wünschen, Freund, und Wahn;
Und bis zum letzten Hauch bleib ich ihr Untertan. *(Ab.)*

ZWEITE SZENE

Die Vorigen ohne Titus.

Arsazes. So will der Himmel Euch Gerechtigkeit erweisen.
Ihr reiset zwar; doch wird die Fürstin mit Euch reisen.
Man raubt sie nicht. Euch, Herr, Euch bietet man sie an!
Antiochus.
Gönn mir den Augenblick, daß ich veratmen kann. –
Der Umschwung trat zu schnell, zu plötzlich mir entgegen.
Will Titus, was er liebt, in meine Hände legen.
Darf ich's – ihr Götter – denn auch glauben ohne Scheu,
Und wenn ich's wirklich glaub, steht mir die Freude frei?
Arsazes.
Und ich, was soll ich, Herr, am Ende von Euch glauben?
Welch Hindernis vermag Euch Euer Glück zu rauben?
Habt Ihr mich denn getäuscht, als Ihr von diesem Ort
Entwicht, das Herz noch voll vom letzten Abschiedswort,
Noch pochend von dem Mut, mit dem Ihr aufbegehrtet
Und Eure Liebe, Fürst, der Königin erklärtet?
Ihr floht vor einem Bund, der Euer Herz empört;
Der Bund besteht nicht mehr! – Und noch blickt Ihr verstört?
Jetzt winkt der Liebe Glück, jetzt wollt die Stunde nützen.

Antiochus.
   Arsaz! – Mir trug man auf, die Königin zu schützen! –
   – Ich werde lange Zeit ihr im Gespräche nahn;
   Vielleicht gewöhnt sogar ihr Aug' sich meinem an. –
   Des Kaisers kaltes Herz und mein getreues Minnen
   – Vielleicht wird ihr Gemüt der Unterschied gewinnen!
   Titus erdrückt mich hier mit seines Rangs Gewicht,
   All andre Größe wird in Rom vor ihm zunicht:
   Zwar künden seinen Ruhm des Morgenlandes Fluren;
   Doch schaut die Herrin dort auch meiner Siege Spuren.
Arsazes. Seid ohne Sorge, Herr; Ihr werdet glücklich sein.
Antiochus.
   Arsaz, wir täuschen uns mit einem leeren Schein. –
Arsazes.
   Wir täuschen uns?
Antiochus.   Sag selbst, kann sie mir je gehören?
   Wird Berenize, Freund, mir jemals Liebe schwören?
   Gab Berenize je mir einer Hoffnung Frist?
   Denkst du vielleicht, im Leid, dem sie verfallen ist,
   Erlaub', ob ihren Reiz die ganze Welt verhöhne,
   Die Undankbare mir das Opfer meiner Träne?
   Ihr Herz erniedre sich zu meines Diensts Empfang,
   Argwöhnend, welchem Quell der Neigung er entsprang?
Arsazes.
   Und wer stünd' besser ihr im Mißgeschick zuseiten?
   Jetzt wendet sich ihr Glück, jetzt ändern sich die Zeiten:
   Titus verläßt sie.
Antiochus.   Freund, noch so verwunderlich
   Und jäh – die Wendung bringt nur neue Qual für mich.
   Wie sie den Titus liebt, ihr Jammer wird's mir sagen,
   Werd hören, wie sie seufzt, werd selber sie beklagen;
   Als Lohn der langen Treu' winkt mir das trübe Bild
   Verliebten Tränenzolls, der einem andern quillt.
Arsazes.
   So sehr gefallt Ihr Euch, Euch ständig selbst zu plagen?

Sah je man großes Herz so jammervoll verzagen?
Blickt um Euch, bester Herr, und tut mir nach und denkt,
Daß heute das Geschick Euch Berenizen schenkt.
Da Titus sich des Rechts auf ihre Hand begeben,
Wird zur Notwendigkeit der Bund, nach dem wir streben.
Antiochus.
Notwendigkeit!
Arsazes.   Vergönnt dem Kummer seine Frist,
Bis ihrer Zähren Strom allmählich linder fließt.
Für Euch spricht alles dann: beleidigt Herz will Rache;
Titus weilt fern in Rom, Ihr selbst führt Eure Sache.
Drei Zepter: Frauenarm regiert sie nicht allein,
Die Grenzen, Staat bei Staat, gebieten den Verein;
Der Vorteil, die Vernunft, die Freundschaft wird's ergeben.
Antiochus.
Ja, du hast recht! Dein Wort verheißt mir neues Leben.
Ich atme, nehm mit Lust die Vorbedeutung an!
Nun rasch! – Was man verlangt, werd' ungesäumt getan.
Zur Königin hinein! – Man hat uns aufgetragen,
Daß Titus sie verläßt. – Und zaudr' ich ihr's zu sagen? –
Nein, bleiben wir! – Arsaz, obläge wirklich hier
So schnöden, grausamen Befehls Vollstreckung mir?
Sei's, was es sei, mein Herz verweigert sich der Kunde.
Die holde Königin vernähm' aus meinem Munde,
Sie sei verlassen? Ah, wer, Fürstin, dachte je,
Daß je dies schreckliche, dies Wort an Euch ergeh'!
Arsazes.
Auf Titus fällt der Haß; mag er sein Tun vertreten,
Mein König! – Wenn Ihr sprecht, tut Ihr's von ihm
                                                   erbeten.
Antiochus.
Nein, nein, wir sehn sie nicht! – Wir ehren ihr Geschick.
Der Boten gibt's genug in solchem Augenblick.
Und wähnst du sie noch nicht genug vom Glück verlassen,
Vernehmend, welcher Schmach sie Titus überlassen,

Willst du, daß sie den Kelch zur bittern Neige trinkt,
Wenn der, den sie verstieß, die Botschaft überbringt?
Noch einmal, flüchten wir! Leicht wächst aus meinen
                                    Worten
Ein neuer Haß empor und folgt mir allerorten.
Arsazes. Herr, Berenize naht! Tut, was die Stunde heißt!
Antiochus. Ihr Götter!

DRITTE SZENE

Die Vorigen. Berenize. Phönize.

Berenize.   König, Ihr? Und noch nicht abgereist?
Antiochus. Ich sehe, Königin, Ihr findet Euch betrogen;
Nicht ich, der Kaiser war's, der Euch hieher gezogen.
Doch ihn allein klagt an, wenn nach dem letzten Gruß
Euch meine Gegenwart hier lästig fallen muß.
Ich würde Ostia zur Stunde schon erreichen,
Wenn er mir selber nicht verbot, von Hof zu weichen.
Berenize.
So hält er Euch allein. – Uns schlug er aus dem Sinn!
Antiochus.
Er hielt mich, um von Euch zu reden, Königin.
Berenize.
Von mir, Fürst?
Antiochus.   Fürstin, ja.
Berenize.   Was wußt' er Euch zu sagen?
Antiochus.
Wollt hundert andre eh' denn mich darum befragen! –
Berenize.
Wie? – König! –
Antiochus.   Haltet noch mit Eurem Groll zurück. –
Manch andrer schwiege nicht in diesem Augenblick,
Manch andrer voll Triumph wär' Eurem Wunsch zu
                                   Willen,

3. Akt, 3. Szene

Würd' Eure Ungeduld mit tausend Freuden stillen.
Doch ich, der Zweifler, ich, dem – was Ihr selber wißt –
Weit eher Eure Ruh' denn meine teuer ist,
Will, Fürstin, lieber Euch mißfallen als erschrecken
Und lieber Euren Zorn als Euren Schmerz erwecken.
Bevor der Tag verging, bei Gott! verzeiht Ihr mir.
So, Königin, lebt wohl! –

Berenize.   Nein, redet, sprecht, bleibt hier!
Fürst, sei denn länger nicht mein Zustand Euch
                                            verborgen.
Seht eine Königin, die voller Angst und Sorgen,
Den Tod im Busen, fleht, daß Ihr sie sprecht und hört.
Ihr fürchtet, sagt Ihr, daß Ihr meine Ruhe stört?
Die Weigerung vielmehr – kann sie mich ruhig lassen? –
Entfesselt meinen Schmerz, mein Zürnen, ja mein Hassen!
Bedünkt Euch meine Ruh' so kostbar, wie Ihr sagt,
Hat jemals Euer Aug' dem meinen nachgefragt,
So redet, wiederholt die Worte, wie sie kamen
Aus Titus' eigenem Mund.

Antiochus.   In aller Götter Namen!

Berenize.
Wie? Gilt Euch so gering mein Bitten, mein Gebot?

Antiochus.
Zu reden brauch ich nur und weiß, was mich bedroht.

Berenize. Ah! Redet! –

Antiochus.   Königin, welch unheilvolles Toben!
Ihr werdet – nochmals warn ich Euch! – mein Stummsein
                                            loben.

Berenize.
Ich will, daß augenblicks Ihr mir gehorsamt, Haß
Folgt Eurer Weigerung, Fürst, unwandelbarer Haß!

Antiochus.
So darf ich leider denn nicht schweigend von Euch gehen.
Sei's drum. Ihr habt's gewollt. Ich muß Euch Rede stehen.
Und dennoch, täuscht Euch nicht: ein Wort ist rasch gesagt,

Das Leiden birgt, dran Ihr noch nicht zu denken wagt.
Kenn ich nicht Euer Herz? Ah, Fürstin, wollt erwägen,
Sein Grund, sein zärtlichster, liegt bloß vor meinen
                              Schlägen.
Titus befiehlt mir ...
Berenize.   Was?
Antiochus.   Euch anzukündigen,
Daß Ihr für immerdar müßt voneinander gehn.
Berenize. Ich? – Titus? – – Titus will von Berenize –
                              gehn?
Antiochus.
So laßt ihm hier vor Euch Gerechtigkeit geschehen.
Denn jede Leidenschaft, dran im Verzweiflungsschmerz
Der Liebe sich erweist ein männlich, fühlend Herz,
Hab ich an ihm gesehn. Er liebt, er hält Euch Treue.
Doch hilft's, daß Lieb und Leid sich Tag um Tag erneue,
Wenn Rom auf seinem Recht des Königsbanns besteht?
Die Trennung kam. – Man wünscht, daß Ihr schon morgen
                              geht.
Berenize.
Die Trennung! – Wehe mir, Phönize! –
Phönize.   Tragt's mit Schweigen
Und zeigt das starke Herz, das meiner Fürstin eigen!
Der Schlag ist unerhört und unvorhergesehn.
Berenize.
Nach so viel Eiden heißt mich Titus von sich gehn?
Titus, der mir beschwor – – nein, nein, ich will's nicht
                              glauben!
Er läßt mich nicht, läßt so sich seinen Ruhm nicht rauben!
Man nimmt mich gegen ihn und seine Unschuld ein;
Die Falle ward gelegt, uns beide zu entzwein!
Titus liebt mich. – Titus will mir das Herz nicht brechen!
Ich will ihn sehn, ich muß ihn augenblicklich sprechen!
Wir gehn!
Antiochus. Betrachtet Ihr mich hier in einem Licht ...

Berenize. Ihr wünscht es nur zu sehr. Nein, Ihr
                               beschwatzt mich nicht!
Ich glaub Euch nicht ein Wort. – Was immer Euer Meinen,
Fürst, hütet Euch, vor mir noch einmal zu erscheinen! –
(Zu Phönize.)
Verlaß mich nicht! Nimm du dich meines Zustands an.
Zu täuschen such ich mich – weh mir! –, soviel ich kann.
      (Berenize und Phönize ab.)

VIERTE SZENE

Antiochus. Arsazes.

Antiochus.
  Hab ich mich nicht verhört? Verstand ich auch ihr Wüten?
  Vor ihrem Angesicht soll ich mich fürder hüten?
  Ich werd mich hüten, war schon auf der Flucht vor ihr,
  Wenn Titus mich nicht selbst gebeten – – wahrlich, hier
  Ist unsres Bleibens nicht! Komm, Freund Arsaz, wir eilen!
  Verwunden wollt' ihr Wort: mich dünkt, es soll mich
                                                  heilen.
  Du sahest mich noch jüngst auf ungewisser Flucht,
  Verworren und gehetzt von Lieb' und Eifersucht;
  Und nun, nach solchem Hohn, solch schmählichem
                                                  Verweise
  Begeb ich mich vielleicht mit Gleichmut auf die Reise.
Arsazes.
  Heut minder, Herr, denn je dürft Ihr von hinnen gehn.
Antiochus.
  Wie? Bleiben soll ich, soll mich so verachtet sehn?
  Des Kaisers Kaltsinn wär' ein Trug, den ich erdachte?
  Ich selbst soll strafbar sein, weil er sich schuldig machte?
  Mit welchem Frevelmut, welch ungerechtem Wahn
  Ficht sie mir ins Gesicht mein Wort, mein treues, an!
  Titus liebt sie, sie sagt's! Ich habe sie verraten,

    Die Schnöde, die mich zeiht gemeiner Freveltaten,
    Und das im Augenblick, in dem mein traurig Lob
    Des Nebenbuhlers Schmerz und Tränen ihr erhob,
    In dem ich ihr zum Trost, vielleicht mehr als ihm ziemte,
    Sein liebevoll Gemüt und seine Treue rühmte.
Arsazes.
    Wie, König, dies Gewölk trübt Euch den klaren Sinn?
    Gebt Weile diesem Sturm. Die Zeit geht drüber hin.
    Mit Mond und Jahr – – genug, das Weitre wird sich weisen.
    Rührt Euch nur nicht vom Platz!
Antiochus.   Nein, Freund Arsaz, wir reisen.
    Zum Mitleid brächte mich am Ende noch ihr Weh.
    Mein Ruhm und meine Ruh' befehlen beide: Geh!
    Auf! – Meiden wir fortan die Grausame, die Schnöde,
    Da niemand lange Zeit, Arsaz, mir von ihr rede! –
    Wir fliehn. – – Doch bleibt uns noch ein wenig Tageslicht.
    Ich eil in mein Quartier. – Du bringe mir Bericht;
    Geh schaun, ob ihr der Schlag nicht gar das Herz zerrissen.
    Wir möchten, wenn wir gehn, sie dennoch lebend wissen.

VIERTER AKT

ERSTE SZENE

Berenize allein.

Berenize.
    Phönize kam noch nicht? – Die Stunde klag ich an,
    Die meiner Ungeduld nicht rascher folgen kann.
    Ich irre hin und her in Martern und in Nöten;
    Die Kraft läßt mich im Stich, die Ruhe will mich töten.
    Phönize kam noch nicht? Ah, wie die Zeit sich reckt,
    Mit bangem Vorgefühl die Zaudernde mich schreckt! – –

Phönize wird – ich fühl's! – ohn' Antwort wiederkehren.
Wird Titus, wird er sie, der Undankbare, hören?
Ah, er verleugnet sich dem Zorn, der in mir rast!

ZWEITE SZENE

Berenize. Phönize.

Berenize. Phönize! – Sage mir, ob du den Kaiser sahst?
  Was hat er dir gesagt? kommt er?
Phönize.   Ich durft' ihn sehen,
  Durft' schildern seinem Ohr das Leid, das Euch geschehen,
  Die Träne fließen sehn, die wider Willen rann.
Berenize.
  Kommt er?
Phönize.   Ja, Königin, er kommt. – Doch schaut Euch an:
  Wollt Ihr, daß Titus Euch in diesem Aufzug spreche?
  Kehrt in Euch selbst zurück. Ermuntert Eure Schwäche!
  Kommt mit mir, bis ich Euch den Schleier aufgesteckt
  Und ordnete dies Haar, das Euer Aug' verdeckt;
  Laßt erst die Tränenspur, die blinde, mich entfernen.
Berenize.
  Phönize, nein! – Mag er sein Werk selbst kennenlernen.
  Was soll der Zierat mir und überflüssige Prunk,
  Wo meine Treu', mein Schmerz, mein Jammer nicht genung?
  Was sag ich? Schmerz? Da nicht mein völliges Verderben,
  Nicht mein gewisser Tod für mich vermocht zu werben,
  Gesteh, was änderte die Sorgfalt, die mich schmückt,
  Der eitle Flitterstaat, der ihn nicht mehr entzückt?
Phönize.
  Warum den Vorwurf ihm, den ungerechten, machen?
  – – Der Kaiser! – Königin, ich höre schon die Wachen! –
  Auf, meidet den Tumult, geht eilends dort hinein!
  In Euren Kammern sei's; da sprecht Ihr ihn allein.

(Beide ab.)

DRITTE SZENE

Titus. Paulin. Gefolge und Wachen.

Titus. Der Königin Ungeduld beschwichtige du drinnen;
Gönn mir den Augenblick, Paulin, mich zu besinnen.
Dann folg ich.
Paulin. Himmlische! Wie bangt mir vor dem Zwist!
Errettet seinen Ruhm und Rom zu dieser Frist!
Zur Königin!

(Paulin und Gefolge ab.)

VIERTE SZENE

Titus allein.

Titus. Wohlan! – Titus, was soll geschehen?
Willst Berenize du, Verwegner, nochmals sehen?
Ist dein Abschied bereit? Hast du dich wohl befragt,
Und wappnet Härte dich, vor der dein Herz nicht zagt?
Denn wahrlich, in dem Kampf, der jetzt sich vorbereitet,
Genügt nicht standhaft sein; die Grausamkeit entscheidet.
Ertrag ich ihren Blick, des liebreicher Gefahr
Mein innerstes bislang, mein Herz, geöffnet war?
Werd ich den Augen nahn, drin alle Reize spielen,
Wenn sie nach meinem Blick mit ihren Tränen zielen,
Was dann? Gedenk ich dann der kummervollen Pflicht,
Vermag ich's dann und sag: „Wir sehn uns fürder nicht"?
– Ein Herz, das mich verehrt und liebt, will ich
                            verwunden.
Und weshalb? – Wer befiehlt's? – Ich selbst gab mich
                            gebunden.
Sprach Rom bereits sein Wort, hat es sich schon erklärt?
Lärmt drunten eine Stadt, darin der Aufruhr gärt?
Sehn wir bereits den Staat am Rand des Abgrunds
                            schwanken,

Muß es dies Opfer sein, dem wir die Rettung danken?
– Alles schweigt. – Ich allein in übereilter Not
Beschleun', anstatt hinauszuzögern, was mir droht.
Wer weiß, ob fügsam nicht der Königin, der schönen,
Als einer Römerin der Römer lernt gewöhnen
Und gibt durch seine Wahl der meinigen Gewicht?
Nein, und noch einmal nein! Ich übereil es nicht.
Mag Rom zu seinem Recht in seine Waagschal' legen
So viele Lieb' und Treu' und Tränen und dann wägen,
Und es beschließt für uns. – – Titus, was träumst du fort?
Blick um dich! Ist es nicht die Luft noch und der Ort,
Da den verjährten Haß, mit Muttermilch gesogen,
Nicht Furcht noch Liebe beugt? Gesteh dir's unbetrogen:
Roms Richterspruch verbannt auch deine Königin.
Als Knabe wußtest du's; nun kam dir's aus dem Sinn?
Verfolgte dies Geschrei dich nicht auf fernen Bahnen,
Den Feldherrn vor dem Heer an Römerpflicht zu mahnen?
Als Berenize hier auf deiner Spur erschien,
Erfuhrst du nicht alsbald, wes dich die Römer ziehn?
Muß man dich nochmals denn mit Fingern darauf weisen?
Ah, Weichling, schmachte fort und laß das Reich
          verwaisen!
Geh, birg am Erdenrand die Schmach, die dich entstellt,
Verlaß dem Würdigern das Regiment der Welt!
Wär' dies das Ziel, des Ruhm und Majestät und Ehre
Bewirken soll, daß dich ein jeglich Herz verehre?
Acht Tage herrsch ich schon. Und was – o Scham und
          Schmach! –
Geschah für meinen Ruhm? Ich lief der Liebe nach.
Gib Rechnung von der Zeit! Wie war dein Tun geartet?
Wo bleibt das goldne Jahr, das man von dir erwartet?
Welch Leid hast du gestillt? Aus welch zufriedem Blick
Gelangt die schöne Frucht der Wohltat dir zurück?
Ist schon dem Weltenrund sein neuer Stern entglommen?
Sind dir die Tage kund, die dir zu wirken frommen?

Von der geringen Zahl, die dir vielleicht geliehn,
Wie viele sind bereits, Unseliger, dahin!
Kein Aufschub! Rüttle dich, und deine Ketten brechen!
Der Ruhm befiehlt's. – Wohlan!

FÜNFTE SZENE

Titus. Berenize.

Berenize *(im Eintreten).* Ah, nein, ich will ihn sprechen!
Kein Rat, kein Widerspruch verfangen noch bei mir.
Ich muß ihn selber sehn! – – So, Kaiser, seid Ihr hier?
Und wär' es wirklich wahr, will Titus von mir scheiden?
Er hat den Spruch gefällt; so müssen wir ihn leiden.
Titus. Straft einen Fürsten nicht, der leidet, Königin.
Es ziemt uns beiden nicht der allzuweiche Sinn.
Gedenkt des Widerstreits, der Qual, die mich verzehren,
Auch ohne daß mein Herz zerreißen Eure Zähren.
Zeigt lieber jenen Mut, der vormals hundertmal
Dem Rufe meiner Pflicht zu folgen mir befahl.
Der Tag verlangt's von Euch. – Heißt Eure Liebe
                              schweigen,
Und mit dem Blick, vor dem sich Ruhm und Ehre zeigen,
Betrachtet dieser Pflicht unweigerlich Gebot.
Ja, wappnet selber mich, wenn mich mein Herz bedroht;
Steht – Ihr vermögt's! – mir bei, selbst wider meinen
                                    Willen,
Helft mir den Tränenstrom, den hoffnungslosen, stillen!
Und täten beide wir den Tränen nicht Gewalt,
Daß wenigstens im Schmerz der Ruhm uns aufrecht halt,
Und alles Erdreich lern in Dankbarkeit verehren
Des Kaisers Tränen und, o Fürstin, Eure Zähren.
Denn, freilich, Königin, die Trennungsstunde schlug.
Berenize.
Und war für dieses Wort nicht früher Zeit genug?

Ah, Grausamer, so galt's? Euch wähnt' ich mir gewogen,
Euch liebend, standhaft Euch und opferte betrogen
Mein Dasein Eurem auf. – Dies Römerrecht bestand,
Als ich zum ersten Mal mein Herz vor Euch bekannt.
Und dennoch ließet Ihr die Neigung mich umgarnen
Und sagtet nicht alsbald: „Laß, Königin, dich warnen,
Wohin verirrst du dich? Was, Ärmste, träumt dein Wahn?
Verschenke nicht ein Herz, das man nicht halten kann."
Grausamer, hieltet Ihr's und wollt's heut fahren lassen,
Nun sich dies arme Herz auf Euch allein verlassen?
Damals war's Zeit; warum verließt Ihr mich nicht gleich,
Als sich auf uns verschwor das ganze Römerreich,
Mich tausendfacher Trost mein Elend lehrte tragen,
Ich Euren Vater konnt' um meinen Tod verklagen,
Rom, den Senat, das Reich, ja bis zum letzten Strand
Das Rund der Erden eh' denn diese teure Hand?
Der Haß, der meinen Weg seit langem schon begleitet,
Seit langem hätt' er mich auf meinen Sturz bereitet;
Empfangen hätt' ich nicht, o Herr, den Todesstoß
Nun, da des höchsten Ziels die Hoffnung schon genoß,
Nun Euer glücklich Herz sich jedes Recht erworben,
Der Römer Murren schweigt, Vespasian gestorben,
Nun Euch zu Füßen liegt der Erden ganzes Reich,
Ich endlich keinen mehr zu fürchten hab als Euch.
Titus.
So hab ich auch allein mich selber richten können.
Wohl mocht' ich damals mir das süße Leben gönnen.
Mein Herz verwehrte mir, auf Sorgen auszugehen,
Nach dem, das eines Tags uns trennen könnt', zu spähn.
Ich wollte, jedem Wunsch steh' jede Zukunft offen,
Ich prüfte nichts, bereit, Unmögliches zu hoffen.
Was weiß ich? Hofft' ich nicht in Eurem Arm den Tod,
Noch eh' dies bittere, dies Scheiden uns gedroht?
Kein Hemmnis schien zu hoch, daß ich's nicht überklimme.
Zwar sprach bereits das Reich; jedoch des Ruhmes Stimme

Erscholl in meiner Brust, o Königin, noch nicht
Mit jenem Ton, mit dem sie heut zum Kaiser spricht.
Wohl weiß ich um die Qual, der ich anheimgegeben,
Und fühl, unmöglich ist's, von Euch getrennt zu leben,
Fühl, wie mein eigen Herz sich von mir abgetan;
Doch leben gilt es nicht, regieren gilt's fortan.

Berenize.
Gut, Grausamer, regiert, Knecht Eurer falschen Ehre!
Ich hadere nicht mehr. Ich kam, auf daß ich höre,
Wie mir derselbe Mund, des tausendfacher Eid
Den Liebesbund beschwor für alle Lebenszeit,
Derselbe, dieser Mund als treulos sich bekenne
Und sprech das Urteil aus, das uns für immer trenne.
Hier wollt' ich's hören, hier! – Nun Euer Spruch
           geschehn,
Hört' ich genug und scheid auf Nimmerwiedersehn.
– Auf Nimmerwiedersehn! – Ward, Kaiser, Euch die
           Kunde,
Wie jammervoll dies Wort ein liebend Herz verwunde?
Ein Mond und dann ein Jahr – – wie grausam leiden wir,
Wenn so viel Meer und Land erst zwischen Euch und mir,
Wenn sich der Morgen hebt, wenn Abende vergrauen,
Und Titus darf nicht mehr nach Berenize schauen,
Wenn ich tagaus, tagein von Titus ferne bin.
Doch welch vergebene Sorg'! – Wird dieser stolze Sinn
Sich trostlos, meinem gleich, in weiter Ferne quälen,
Wird er, der mich verstieß, der Trennung Tage zählen?
Die Tage, lang für mich, ihm fliegen sie dahin!

Titus.
Nicht lange zähl ich mehr, so dünkt mich, Königin.
Ich hoffe, daß schon bald die Botschaft, die betrübte,
Euch zu bekennen zwing', wie sehr Euch Titus liebte.
Wenn Ihr gewahrt, und bald, das Ende meiner Pein.

Berenize.
Ach, Herr, und wär' es wahr, muß denn geschieden sein?

Der Ehebund verfiel. Geschehn bleib, was geschehen.
Verurteilt Rom Euch, Herr, mich fürder nicht zu sehen?
Mißgönnt Ihr mir die Luft, in der Ihr Atem holt?
Titus.
Ihr habt die Macht; so sei's, bleibt, Fürstin, weil Ihr wollt.
Ich widerstrebe nicht; doch fürcht ich meine Schwäche,
Ob nicht zuletzt der Mut im steten Kampf mir breche,
Ob meine Schritte mir gehorchen jederzeit,
Und nicht Bezauberung sie täglich irre leit';
Wie trag ich's, den schon jetzt der Brust empörtes Wallen
Nichts anderes gemahnt, als daß ich Euch verfallen!
Berenize.
Und wär's drum, liebster Herr, was wär' zu fürchten not?
Hat denn mit Aufstand schon der Römer Euch gedroht?
Titus.
Weiß ich, mit welcher Stirn mein Volk die Kränkung trage?
Und wächst aus dem Geraun der Lärm verwegner Klage,
Soll ich in seinem Blut rechtfert'gen meine Wahl?
Und schweigt's und duldet stumm, daß ich sein Recht ihm
        stahl,
Wem setztet Ihr mich aus? Durch welche Gegenhulden
Bezahl ich ihm alsbald sein Schweigen und sein Dulden?
Zu welcher Forderung erkühnt sich's nicht hernach?
Wie schirm ich das Gesetz, ich, der ich's selber brach?
Berenize.
So gelten gar nichts denn Euch Berenizens Tränen.
Titus.
Ihr guten Götter, nichts! Welch Unrecht!
Berenize.   Um ein Wähnen,
Ein ungerecht Gesetz – leicht ändert's ein Beschluß –,
Stürzt Ihr Euch selber, Herr, in ewigen Verdruß?
Behalte Rom sein Recht. Doch gäb's kein Recht, das Euer?
Hat nur das seine Wert? Gilt unsres minder teuer?
Sprecht!
Titus.   Ihr zerfleischt mein Herz grausamer, als Ihr meint.

Berenize.
 Ihr seid der Kaiser, Herr – der Kaiser; und Ihr – – weint.
Titus.
 Ich weine, ja. Ihr schaut mein Seufzen und mein Bangen.
 Doch wahrlich, Königin, als ich dies Reich empfangen,
 Hab ich auf sein Gesetz geleistet meinen Schwur.
 Der bindet mich. – – Nicht mich traf diese Probe nur;
 Rom hat das gleiche stets verlangt von meinesgleichen.
 Würd' Euer Blick hinauf in seine Vorzeit reichen,
 Ihr säht sie jedesmal gehorsam dem Gebot.
 Der kehrt in Feindesland, wo martervoller Tod
 Dem Wissenden bereit, durch seinen Eid geknechtet,
 Da der des Sohnes Haupt, des sieggekrönten, ächtet,
 Der seiner Söhne zween verfallenes Genick
 Dem Henker übergibt mit tränenlosem Blick.
 – Unselige! Doch hat in Rom seit alten Tagen
 Stets Ruhm und Vaterland den Sieg davongetragen.
 – Unseliger auch ich! – Der Ahnherrn hohen Sinn
 Läßt Titus unter sich, der Euch, o Königin,
 Beurlaubt und entläßt – ein Probestück ohngleichen.
 – Ihr kennt dies Herz! – Wollt Ihr, es soll der Neigung
   weichen,
 Unwürdig eines Tuns, darauf die Nachwelt schaut,
 Dem nachzutun sich kaum der Tapferste getraut?
Berenize. Barbar! – Dir fällt es leicht! – Der Treue höhnt
   und Glauben,
 Dem Undankbaren ziemt's, mir meine Seele rauben.
 – Von Eurem Herzen weiß dies arme Herz genug
 Und redet nun nicht mehr von Weilen, von Verzug.
 Wer! Ich? Ich sollte hier, verachtet und verlassen,
 Spott und Gelächter sein von Römern, die mich hassen?
 – – Ich trotzte nur zuletzt Euch diese Weigrung ab;
 Von mir hat fürder nichts zu fürchten, der sie gab.
 Denkt nicht, ich hadre fort und ruf in meiner Schwäche
 Den Zorn der Götter an, der Euren Meineid räche.

Nein, blicken sie herab und schaun in meine Qual,
Bitt ich noch sterbend: „Tilgt ihr Zeugnis überall."
Und schriee doch mein Leid empor zum Himmelssitze,
Erweckt die sterbende, verstoßne Berenize
Doch einen Rachegeist, zu sühnen ihren Tod,
Sucht ihn in Eurer Brust. – Da lebt, der Euch bedroht.
Der Hauch der Neigung ist's, der dennoch Euch verblieben.
So werd' mein jetzig Leid, werd' mein vergangnes Lieben,
Mein selbstvergossen Blut, das bald dies Haus befleckt,
Zum feindlichen Geleit, das Euch verfolgt und schreckt.
Weil ich mir nichts vergab und weil ich nichts bereue,
Bestell ich einzig sie zu Rächern meiner Treue.
Lebt wohl. *(Ab.)*

SECHSTE SZENE

Titus. Paulin.

Paulin.   Die Königin ging fort? Was sinnt ihr Geist?
Nahm sie's aus Eurem Mund gelaßner auf und reist?
Titus.
Ich bin zunicht. – Ich kann dies Graun nicht überleben.
Sie sinnt sich selbst den Tod. – Auf, retten wir ihr Leben,
Geschwind ihr nach! –
Paulin.   Doch, Herr, Ihr habt mit Vorbedacht
Vor kurzem anberaumt, daß man ihr Tun bewacht.
Die Fraun umgeben sie, glaubt, ihnen wird's gelingen,
Sie von so traurigen Gedanken abzubringen.
Befürchtet nichts. Schon ist der schwerste Schlag gefällt.
Der Kaiser halte stand, und er gewinnt das Feld.
Euch kränkt – wen wundert das? – der Anblick ihrer
                              Zähren;
Ich selber konnte mich des Mitleids kaum erwehren.
Doch richtet Euren Blick aufs höhere Ziel, bedenkt
Den Ruhm, den dauernden, den dieser Gram Euch schenkt.

Euch wird um Eure Tat die Welt mit Ehrfurcht schauen
In alle Folgezeit.
Titus.   Sie blickt auf mich mit Grauen!
Ein Scheusal! – Nero selbst, den alle Welt verschreit,
Vermaß sich nicht so hoch in seiner Grausamkeit.
Nein! – Ob in diesem Zwist Rom und das Reich verderbe,
Ich will, ich dulde nicht, das Berenize sterbe.
Paulin.
Kaiser!
Titus.   Die Lippe lallt und weiß nicht, was sie spricht.
In meiner Qual, Paulin, kenn ich mich selber nicht.
Paulin.
Zerstört nicht selbst das Werk, das ruhmvoll Ihr begonnen.
Der Ruf von Eurer Tat hat schon die Stadt gewonnen.
Das Volk, das bang geseufzt, kommt jubelnd jetzt zuhauf,
Die Weihrauchwolke steigt aus allen Tempeln auf;
Mit Lorbeerreisern rennt ein fröhliches Gewimmel,
Kränzt Euer Bild und hebt des Kaisers Ruhm gen Himmel.
Titus. Ah, Berenize – Rom! – Und Kaiser du, dem Pflicht
Und Liebe wechselweis' gebeut und widerspricht!

SIEBENTE SZENE

Die Vorigen. Antiochus. Arsazes.

Antiochus.
Herr, was habt Ihr getan? Im Arme der Phönize
Stirbt diesen Augenblick vielleicht schon Berenize.
Nicht Zuspruch nimmt sie mehr, nicht Trost, noch
                                                Warnung an,
Nach Eisen nur und Gift begehrt ihr kranker Wahn.
Ihr einzig könntet sie so schlimmem Traum entheben:
Man nennt Euch; und es scheint, der Name weckt ihr
                                                Leben.
Ihr Aug' blickt unverwandt nach Eurer Kammern Flucht,

Als ob's von Augenblick zu Augenblick Euch sucht.
Ich trug es nicht, ich stand vernichtet vor dem Jammer.
Ihr zaudert? Geht hinein, zeigt Euch in ihrer Kammer.
Steht so viel Tugenden und Reizen bei! – Wo nicht,
So tat der Kaiser selbst auf Menschlichkeit Verzicht.
Gebt Antwort!
Titus.   Wehe mir, welch Wort kann ich Euch geben?
Weiß ich zur Stunde denn, ob ich noch selbst am Leben?

ACHTE SZENE

Die Vorigen. Rutilius.

Rutilius. Herr, die Tribunen all, die Konsuln, der Senat
Betraten den Palast in Sorge für den Staat,
Begleitet durch das Volk, des Eifer nicht zu zähmen,
Das nach dem Kaiser ruft und wünscht ihn zu vernehmen.
Titus.
Ihr Himmlischen, dies Herz erkennt Euch! In Gefahr
Beschirmt Ihr meinen Mut, der fast verloren war.
Paulin.
Begrüßen denn in Euch des Reiches Schirm und Spitze
Das Volk und der Senat!
Antiochus.   Ah! Rettet Berenize!
Paulin. Wie? Trätet wirklich Ihr mit Füßen hier und nun
Die Majestät des Reichs durch solch unwürdig Tun?
Soll Rom – –
Titus.   Genug, Paulin. Wir sind bereit zu hören,
Was man uns bringt.
    (Zu Antiochus.) Der Pflicht darf ich mich nicht erwehren.
Seht Ihr die Königin. Ich folg und hoffe fest,
Daß meine Liebe, Fürst, sie dann nicht zweifeln läßt.
*(In der offenen Galerie erscheint der Senat, über die hintere
Treppe heraufkommend. Titus wendet sich ihm begrüßend
zu. Kniefall. Vorhang.)*

FÜNFTER AKT

ERSTE SZENE

Arsazes allein.

Arsazes. Wo weilt Antiochus, der König? Hört, ich bitte,
Ihr droben mein Gebet und fördert meine Schritte,
Laßt mich dem ärmsten Herrn, wenn er mich trauernd
fragt,
Den Trost verkünden, den er kaum zu hoffen wagt.

ZWEITE SZENE

Arsazes. Antiochus.

Arsazes. Ah, welcher gute Geist hat diesmal Euch geleitet,
Daß Ihr zurückkommt, Herr!
Antiochus.   Wohin ich geh, begleitet
Mich die Verzweiflung; sie hat mich hiehergebracht.
Arsazes. Und Berenize reist!
Antiochus.   Sie reist?
Arsazes.   Noch heute nacht.
Sie selbst gab den Befehl und scheint es nicht zu fassen,
Daß Titus sie so lang den Tränen überlassen.
Ein hochgemuter Stolz folgt ihrer Raserei. –
Als gelte Rom ihr nichts und Titus einerlei,
Geht sie, bevor noch das Gerücht zur Stadt gedrungen
Und man die Flucht gewahrt, zu der man sie gezwungen.
Sie schreibt an einem Brief für Titus.
Antiochus.   Sonderbar,
Der Brief. – Und er?
Arsazes.   Ihr hört, daß er nicht drinnen war.
Ein freudetrunken Volk drängt sich vor seinen Füßen,
Läßt ihn durch den Senat mit neuen Namen grüßen.

Und dieser Beifall, Herr, und dieser Titel Zier
Für Titus dünken sie die goldne Schlinge mir;
Die wird – in Tränen mag die Königin zerfließen,
Er selber schmachten! – stets sich fest und fester schließen
Und hält den Schwankenden im strengen Pfad der Pflicht.
Womöglich wird sie gehn und Titus sah sie nicht.

Antiochus.
Fast wähn auch ich, Arsaz, wir dürfen wieder hoffen.
Doch hat das Unheil mich bereits so schwer getroffen,
Macht jeder Zukunft Traum so grausam mir zunicht,
Daß ich nur halb vernehm, was mir dein Mund verspricht;
Die bloße Hoffnung dünkt dem sorgenvollen Schrecken
Genug, das schlummernde Verhängnis aufzuwecken.
Horch! – Drüben öffnet sich die Tür zum Vorgemach.
Der Kaiser! – Also doch.

DRITTE SZENE

Die Vorigen. Titus.

Titus *(im Heraustreten)*. Mir folge keiner nach.
Nun endlich, Freund, geschieht, was ich zuvor versprochen.
Zwar war die Königin, wart Ihr ununterbrochen
Vor meiner Seele, Fürst: zu lindern komm ich jetzt
Die Wunde, die vielleicht am tiefsten *mich* verletzt.
Kommt mit zur Fürstin, kommt, Ihr dürft, Ihr sollt uns
                        schauen,
Genießt ein letztes Mal der Liebenden Vertrauen! *(Ab.)*

VIERTE SZENE

Die Vorigen ohne Titus.

Antiochus.
Da sieh die Hoffnungen, die mir dein Wort geliehn:
Mein wartet der Triumph: doch der Triumph krönt – ihn!

Gerechter Unmut trieb die Königin von hinnen?
Titus beschloß, das Spiel nicht wieder zu beginnen?
– Was tat ich nur? Warum habt ihr, auf mich ergrimmt,
Zu solchem Jammerlos mich, Himmlische, bestimmt?
Der immer gleiche Sturz führt mich von Tag zu Tagen
Aus Furcht in Hoffnung hin, aus Hoffnung in Verzagen! –
Titus und Berenize! – – Und ich! – Mit meiner Not
Treibt, harte Götter, ihr nicht lang mehr euren Spott.
(Antiochus und Arsazes ab.)

FÜNFTE SZENE

Titus. Berenize. Phönize.

Berenize.
  Nein, nein, ich höre nicht. Warum Euch vor mir zeigen?
  Ich reise. – Heute noch! – So geht, und geht mit Schweigen.
  Müßt der Verzweifelten Ihr noch im Wege stehn,
  Dünkt's Euch noch nicht genug? Ich will Euch nicht mehr
                                              sehn! –
Titus. Gebt Gnade, hört!
Berenize.   Zu spät!
Titus.   Laßt Euch ein Wort gefallen,
  Nur eins!
Berenize. Nein!
Titus *(für sich).*   Ich vergeh vor Ängsten und vor Qualen!
  Weshalb, o Königin, der plötzliche Beschluß?
Berenize.
  Ist morgen nicht der Tag, an dem ich reisen muß?
  Nun gut. Und ich entschloß mich heut und jetzt zu reisen
  Und reise. –
Titus.   Bleibt!
Berenize.   Weshalb? Nun wollt Ihr mir's verweisen?
  Wollt, Undankbarer, nun, ich bleibe noch, verhöhnt
  Vom Gassenjubel, der in meine Fenster dröhnt?

Hört Ihr denn selber nicht, wie grausam draußen lärme
Dies Volk, derweil ich mich in meinen Tränen härme?
Hab ich denn gegen Rom Beleidigung verübt?
Wes klagen sie mich an? – Ich hab zu treu geliebt.
Titus. So kränkt Euch, Königin, ein Pöbel, der von Sinnen?
Berenize.
Ah! Alles kränkt mich hier, das Draußen wie das Drinnen.
Die Wohnung, von Euch selbst geschmückt und ausgebaut,
Die Stätte, die mein Glück so lange Zeit geschaut,
Die Bürge mir gedünkt unwandelbarer Freuden,
Verschränkt im güldnen Feld die Namen, unsre beiden,
Die Wand an Wänden hier mein weinend Auge schaut,
Sind Heuchler allzumal, vor deren Hohn mir graut!
Phönize! Zauderst du?
Titus.   Welch ungerecht Ergrimmen!
Berenize. Eilt den erhabenen, eilt den Senat bestimmen,
Daß er Euch Beifall klatscht für soviel Grausamkeit.
Ihr hörtet ihn doch schon? Hat Euch sein Lob erfreut,
Und habt Ihr sattsam Euch verschworen und vermessen,
Auf Eures Ruhms Befehl, mein ewig zu vergessen?
Genügt ihm, wenn Ihr mich verratet und verlaßt?
Schwort Ihr nicht obendrein, daß Ihr mich ewig haßt?
Titus. Nichts, gar nichts schwor ich. – Ich! Daß ich Euch
                               hassen sollte,
Daß Berenizen ich, Euch, je vergessen wollte!
In welchem Augenblick, ihr Götter, muß ihr Schmerz
Mit kränkend hartem Wort verdächtigen dies Herz!
Erkennt mich, Königin. Bedenkt, was Ihr erfahren,
Denkt Tagen, Stunden nach aus fünf durchlebten Jahren,
Da dieses Herz für Euch am feurigsten gebrannt,
Mein Seufzer und mein Wort Euch mein Gefühl bekannt.
Dies Heut gilt mehr! Noch nie durchdrang mit solchem
                                 Wehe,
Mit solcher Zärtlichkeit mich jemals Eure Nähe;
Noch nie – –

Berenize.   So liebt Ihr mich. – So sagt mir's Euer Wort.
Und dennoch reis ich. – Ihr, Ihr selber schickt mich fort.
Kann Euch mein Elend denn so großen Trost gewähren,
Bedünkten Euch bislang zuwenig meine Zähren?
Was hilft's, daß Euer Herz sich fruchtlos mir ergibt!
Grausamer, zeigt mir nicht, daß es von neuem liebt,
Laßt meines Glücks mich nicht gedenkend doppelt leiden,
Und laßt zum mindesten mich fest versichert scheiden,
Daß ich, im voraus schon aus Eurer Brust verbannt,
Den Undankbaren flieh, der kalt sich abgewandt.
        (Titus liest einen Brief.)
Entrissen habt Ihr mir, was ich zuletzt geschrieben.
Da, seht, was übrig blieb an Hoffnung und an Lieben.
Lest, Undankbarer, denn, lest, aber laßt mich fliehn.
Titus.
Ihr bleibt! – Ich laß Euch nicht in diesem Zustand ziehn.
Ihr gingt in Euren Tod und ließt ein leer Gedächtnis
Der jammerwürdigsten, der Liebe zum Vermächtnis?
Ein grausamer Betrug, ein Vorwand war's, nicht mehr?
– Ruft mir Antiochus, den König, eilends her!
    (Phönize ab. Berenize läßt sich in einen Sessel fallen.)

SECHSTE SZENE

Die Vorigen ohne Phönize.

Titus. Die Wahrheit will ich Euch, o Königin, gestehen.
Als ich den Schreckenstag vor meinem Geist gesehen,
Der einmal kommen würd' und bringen den Verzicht,
Gehorsam dem Gebot unwandelbarer Pflicht,
Als ich den Abschied sah sich nähern Tag nach Tagen,
Mein Zittern, meinen Kampf und mehr noch: Euer Klagen,
Schien ich für jeden Schmerz gewappnet und gefeit,
Mit dem das Unglück uns, das grausamste, bedräut,
Und muß mir's doch gestehn: ich weiß von keinen Stunden,

Drin ich die Hälfte nur des Leids vorausempfunden.
Auf meinen eignen Mut hab ich zu fest gezählt
Und schäme mich der Angst und Wirrsal, die mich quält.
Ich schaute Rom: es lag mir huldigend zu Füßen;
Ich hört' – und hörte nicht – mich den Senat begrüßen,
Vernahm nicht, was er sprach, hielt, in mich selbst
         verwandt,
Dem ganzen Überschwang mit kaltem Schweigen stand.
Und über Euer Los blieb Rom im Ungewissen. –
Ich – weiß ich selber denn in diesen Bitternissen,
Ob ich der Kaiser noch, ob ich noch Römer bin? –
Bin Euch zurückgekehrt, nicht wissend her noch hin.
Die Liebe führte mich, als ob mein Zweifel wähne,
Daß ich in Euch allein mich find und wiedererkenne.
Was fand ich hier? Den Tod, der Euch im Antlitz steht
Geschrieben, Königin, und den Ihr suchen geht.
Genug, und allzuviel! – Das Maß ist überschritten.
Nachdem dies Äußerste die bange Brust durchlitten,
Empfindend jeden Schmerz, den ich empfinden kann,
Gewahr ich auch zugleich der Rettung offne Bahn.
(Nach einer Pause.)
Denkt nicht, daß schmerzenssatt um Eurer Tränen willen
Dem heißersehnten sich, dem Bündnis, füg' mein Willen.
Noch folgt, und wär' ich auch vor Eurem Jammer schwach,
Mein Ruhm mir Schritt für Schritt und unerbittlich nach,
Zeigt mir ohn' Unterlaß vor der erschrocknen Seele
Den Schwur, der mir verbeut, daß ich mich Euch vermähle,
Mahnt mich, nach dem, das heut geschehen und getan,
Stünd' minder jetzt denn je dies Bündnis beiden an.
Ja, Fürstin, weniger denn je darf ich Euch sagen,
Ich sei bereit, für Euch der Herrschaft zu entsagen,
Euch nachzufolgen fern und, meiner Fesseln froh,
Am Rand der Welt mit Euch zu liebeln irgendwo! –
Solch schmählich Handeln würd' zuletzt Euch selbst
         verdrießen:

Errötend sähet Ihr tagtäglich Euch zu Füßen
Den Kaiser ohne Hof, ohn' Herrschaft, ohne Macht,
Verliebter Schwachheit Bild, von aller Welt verlacht.
Ein Weg – Ihr kennt ihn – winkt, der stolzeste von allen,
Der jedes Herz erlöst aus der Verzweiflung Krallen.
Gar mancher Römer war, o Königin, und Held,
Der diesen steilen Pfad vor Augen mir gestellt.
Wenn zuviel Ungemach den starken Sinn erschüttert,
Allzu beharrlich sie das Mißgeschick umwittert,
So deuteten sie sich des Unheils steten Lauf
Als heimlichen Befehl: „Ergib dich – – und gib auf."
Wird Eurer Tränen Strom noch fürder vor mir fließen,
Werd jeden Augenblick ich für Euch fürchten müssen,
Daß Ihr entschlossen seid, Euch selber zu befrein,
Wenn Ihr mir nicht beschwört, Ihr wollt Euch heilig sein,
Erwartet, Königin, noch andern Grund zum Weinen.
Unmöglich darf Euch nichts von meiner Seite scheinen.
Ich stehe nicht dafür, daß nicht vor Eurem Blick
Mein Arm mit meinem Blut besiegle mein Geschick.

Berenize.

Weh mir.

Titus.   Nichts gibt es, nichts, das nicht mein Kummer
 wage.
Ihr haltet, Königin, den Schlüssel meiner Tage.
Wenn Euch mein Leben lieb, so nehmt ihn wohl in acht.

SIEBENTE SZENE

Die Vorigen. Antiochus.

Titus.

Seid Ihr's? Ich rief Euch, Fürst! Man hat Euch hergebracht,
Damit Ihr Zeuge seid und Anwalt meiner Schwäche.
Erkennt, ob ich zu hoch von meiner Liebe spreche,
Und richtet uns. –

Antiochus. Ich kenn und glaub Euch. – Doch wohlan,
Erkennet selber nun den kummervollsten Mann.
Ihr gönntet, Kaiser, mir der höchsten Freundschaft Ehren;
Auch kann ich sonder Falsch beschwören und bewähren,
Vor Eurer Freunde Schar hab ich mit meinem Blut
Erstritten diesen Rang, verteidigt dieses Gut.
Sehr gegen meinen Wunsch berichtetet Ihr beiden
Von Titus' Liebe mir und Berenizens Leiden.
(Zu Berenize.)
Ihr kennt mich; strafet denn mich Lügen, Königin.
Saht Ihr nicht ständig mich mit Rede, Tun und Sinn
Beeifert, seinen Ruhm und sein Vertraun zu schonen?
Doch freilich: Titus wähnt, er solle mich belohnen,
Und weiß noch immer nicht, und nahm es noch nicht wahr,
Daß der getreue Freund sein Nebenbuhler war.

Titus.
Mein Nebenbuhler?

Antiochus. Ja – die Stunde fordert Klarheit.
Ich liebte sie zuvor: so, Kaiser, steht's in Wahrheit.
Vielhundertfach bekämpft, hielt Liebe doch den Sieg.
Vergessen konnt' ich nicht. So litt ich denn und schwieg.
Verwandelt schient Ihr jüngst; da dünkte meinem
 Frommen
Noch einer Hoffnung Schein, ein trüglicher, entglommen. –
In ihrer Zähren Strom verlosch dies schwache Licht;
Ihr Aug' verlangte, Herr, nach Eurem Angesicht.
Zum Boten macht' ich mich des schweigenden Geheißes:
Ihr kamt zurück. – Ihr liebt und seid geliebt. – Ich weiß es,
Weil ich es war, der Euch einander wiedergab,
Der ich es noch einmal mit mir erwogen hab,
Noch einmal allen Mut, der mir im Innern waltet,
Und alle Geisteskraft versammelt und entfaltet,
Und fand mich abgrundtief versenkt in ihren Bann.
Ich weiß, nur *einer* ist, der Liebe lösen kann,
Nur *einer*: Tod. – Er dünkt dem, der ihn sucht, nicht herbe.

Nun wißt Ihr, wer ich war, und wißt, warum ich sterbe.
(Zu Berenize.)
Ja, Königin, kehrt er zurück in Eure Pflicht,
Mein Wunsch war's und mein Werk; und es gereut mich nicht.
So lasse denn, bedacht, Euch Tag für Tag zu segnen,
Sein Glück, sein süßestes, auf Euch der Himmel regnen.
Und sänn' er je und je noch Böses gegen Euch,
Ruf ich die Götter an: „Erschöpfet jeden Streich,
Der zu bedrohn gedacht die Holdeste von allen,
Auf diesem Haupt, das Euch an ihrer Statt verfallen."

Berenize *(sich erhebend).*

Halt, Fürsten! Haltet ein, bezwinget diesen Schmerz.
Mit welchem Äußersten bedroht ihr zwei mein Herz?
Wohin mein Aug' sich kehrt und liest in euren Mienen,
Ist der Verzweiflung Bild ihm hier wie dort erschienen.
Nur Tränen schaut mein Blick; mein Ohr hört schreckensvoll
Von Untergang und Graun und Blut, das fließen soll.
(Zu Titus.)
Euch, Kaiser, ist mein Herz bekannt; drum darf ich sagen,
Den Thron begehrte nie sein Trachten und sein Fragen.
Der Römer Ruhm und Rang, der Purpur, den Ihr führt,
Hat – und Ihr wißt es selbst – nie meinen Wunsch gerührt.
Ich liebte, war beglückt, wenn man mich wiederliebte.
Und wenn – ich leugn es nicht – sich heut mein Herz betrübte,
In Furcht, daß Euer Herz aus seinen Bahnen wich,
Kenn ich den Irrtum nun: Ihr liebt; Ihr bangt um mich. –
Ich sah den Tränenstrom; er floß aus Eurem Herzen.
Herr, Berenize dünkt nicht wert so vieler Schmerzen,
Nicht, daß das Erdenrund an Eurer Liebe krankt,
Nun jeder Hoffnung Wunsch nach Titus hinverlangt:
Der Welt, die kaum beginnt, ihr künftig Glück zu glauben,
Will sie mit einem Schlag nicht ihre Wonne rauben.

5. Akt, 7. Szene

Drum, wenn ich von Beginn bis auf den heutigen Tag
Mich meiner Lieb' und Treu nach Wahrheit rühmen mag,
Gereiche dennoch, Freund, in dieser Abschiedsstunde
Ein letzter Liebesdienst zur Krönung unserm Bunde:
Ich leb und leide fort, weil Ihr's befohlen, Herr.
Lebt, Kaiser, wohl und herrscht; wir sehn uns nimmermehr.
(Zu Antiochus.)
Ihr aber wollt, o Fürst, begreifen und erfassen,
Daß ich mich nicht entschloß, mein Teuerstes zu lassen,
Und höre fern von Rom auf andrer Werbung Flehn:
Lebt, und ermutet Euch, dem Mißgeschick zu stehn.
Ahmt Titus, ahmet mir im Lieben nach und Leiden:
Ich lieb ihn und ich scheid. Er liebt und läßt mich scheiden.
Tragt fern von meinem Blick den Kummer, der Euch quält.
So werde durch uns drei zum Vorbild aller Welt
Das allerzärtlichste und schmerzensreichste Lieben,
Davon ein Name je und ein Bericht geblieben.
(Es ist völlig Nacht geworden. In der Galerie erscheint Phönize mit einem Lämpchen.)
Man ruft. – Ich bin bereit.
(Sie wendet sich zum Gehen. Auf einen Wink des Titus will Antiochus ihr nachfolgen. Berenize auf der Treppe sich umwendend.)
                                  Folgt nicht. – Laßt mich allein.
(In der Galerie, im Begriff mit Phönize abzugehen.)
Noch einmal, liebster Herr, lebt wohl. *(Ab.)*
(Antiochus steigt die Stufen hinauf, um zu gehen, steht bei völlig verdunkelter Vorderbühne einen Augenblick vor dem schwach erleuchteten Nachthimmel.)

Antiochus.   Die Nacht brach ein.

NACHWORT

Von den drei größten Dramatikern Frankreichs hat nur einer den ihm gebührenden Platz auf der deutschsprachigen Bühne errungen: Molière. Sowohl Corneille wie Racine werden heutzutage selten auf ihr gespielt. Corneille hat sich bei den Deutschen immer noch nicht von dem Angriff erholt, den Lessing gegen ihn geführt hat, und Racine hat es bisher allzu wenig genützt, daß Schiller wenigstens eines seiner Stücke in seiner letzten Lebenszeit übersetzt hat, die *Phèdre*, und daß er auch schon eine Übertragung des *Britannicus* begonnen hatte. Schiller hätte, daran ist gar nicht zu zweifeln, Racine weiter übersetzt, wenn ihm das Leben gegeben worden wäre, und entsprechend ist nicht daran zu zweifeln, daß damit Racine zu einem nicht zu übergehenden Autor des deutschen Theaters geworden wäre. Ebenso darf man annehmen, Schillers eigenes Schaffen hätte durch diese intensive Begegnung mit dem französischen Tragiker neue Impulse empfangen. Aber Schiller starb – auch in dieser Hinsicht verhängnisvoll früh –, und Racine ist trotz heutiger Schulbildung für das deutschsprachige Theaterpublikum ein beinahe Unbekannter.

Einer von vielen, mag man sagen. Der Fall Racine scheint jedoch gravierender als andere. Denn schließlich liegt dem deutschen Kulturraum Frankreich neben England und Italien am nächsten. Shakespeare aber ist ein auch deutscher Klassiker geworden, Molière beinahe, Goldoni ebenfalls. Alfieri freilich ist nur dem Gelehrten außerhalb seines Landes ein Begriff, Racine ist nicht viel besser daran. Aber Racine ist nicht Alfieri; wenn beide sich gleichen in der ehrfürchtigen Bewunderung der Antike, so ist doch Racine das ursprünglichere Theatergenie und hat in seinen Tragödien eine wohl einmalige Verbindung von Leidenschaft der Empfindung und Stimmigkeit der Form auskristallisiert. Von seiner *Bérénice* zu sagen, sie sei vollkommen, heißt ohne jede Übertreibung sprechen, ist eine nüchterne Feststellung. Es mag sogar sein, daß gerade diese Vollkommenheit, eine Vollkommenheit, die noch andere Werke Racines aufweisen, die Übersetzer von vornherein entmutigt hat und sie stärker als vor anderen Dichtern empfinden ließ, hier sei Übersetzen ein Ding der Unmöglichkeit. Damit aber blieb Racine auf Frankreich beschränkt. Wer Racine kennt, weiß, daß er nicht nur Frankreich, sondern Europa gehört. Denn kein anderer Dichter hat so wie er Antikes mit Christlichem und Französischem zusammengelebt, zusammengeformt. Antike, Christentum und das jeweilig Nationale – das aber ist die eigentlich europäische Dreieinigkeit.

Jean Racine, 1639 in La Ferté-Milon, einem kleinen Städtchen der Ile-de-France, geboren, war ein seltsamer Mensch. Wichtigste Stationen seines inneren Daseins haben sich bis heute auch der unermüdlichsten wissenschaftlichen Kleinarbeit entziehen können. Früh verlor Racine seine Eltern, blieb mit einer Schwester sozusagen mittellos zurück und wurde dann von seinen Großeltern und einer Tante erzogen. Diese, die sich der jansenistischen Bewegung angeschlossen hatten und sich nach Port-Royal zurückzogen, nahmen den kleinen Racine mit, und er wurde bei den Nonnen von Port-Royal aus Wohltätigkeit aufgenommen. Es nahte schon die Zeit, da es gefährlich war, sich zum Jansenismus zu bekennen; in der Schule, die dem Kloster angegliedert war und die von bedeutenden Gelehrten und Theologen geleitet wurde, sank die Schülerzahl auf ein Minimum. Racine sammelte den ganzen Eifer seiner Erzieher auf sich und empfing reichste Förderung. Namentlich in den alten Sprachen brachte er es zu stupendem Können. Aber auch in die Feinheiten der französischen Sprache und ihrer Darbietung wurde er in durchaus ungewöhnlichem Maße eingeweiht. Nicht minder stark und bestimmend war die religiöse Prägung, die er in Port-Royal empfing. Der asketisch strenge Geist des Jansenismus, die harte Last der Prädestinationslehre, die unermüdlich betätigte Gewissenserforschung, der stete Umgang mit Menschen von ebenso unerschütterlicher Pflichterfüllung wie trauriger Gemütsart waren ein geistiges Klima, das Racine ebenso förderte wie bedrückte. Kein Wunder, daß er, kaum war er nach Paris übergesiedelt, um dort seine Studien zu beendigen, den Druck gewaltsam von sich abzuschütteln versuchte. Die Kreise der Literatur und des Theaters lockten ihn, daneben wollte er auch wirtschaftlich Boden unter den Füßen bekommen, zu welchem Zweck er sogar an eine kirchliche Laufbahn dachte. Theater oder Kirche: beides bedingte die Lösung von Port-Royal. Als ihm die treue Tante und die ehemaligen Lehrer das Theater als einen Höllengreuel verleiden wollten, vollzog Racine den Bruch auf eine verletzende, beinahe brutale Weise, die jegliche Dankbarkeit vergaß. Racine litt keinen Widerspruch, vertrug Kritik sehr schlecht, vergaß Kränkung schwer – es scheint beinahe ein Wunder, daß er von Boileau, dem Freund seines Lebens, so manchen Einwand annahm –, wo es um sein Werk ging, war er unerbittlich. Die Lehrer von Port-Royal mußten es spüren; spüren mußte es aber auch Molière, der die zwei ersten Dramen Racines aufführte mit seiner Truppe und dem Racine mitten in der Spielzeit das Stück einfach wegnahm, um es der Konkurrenz zu geben, ein unerhörtes Vorgehen, und gar einem Freund gegenüber. Molière war ja sicher nicht zum Tragödienspieler prädestiniert, aber Racine hätte die Trennung menschlicher oder wenigstens eleganter vollziehen können. Diese ersten Stücke brachten übrigens noch kaum mehr als einen Achtungserfolg. Der Ruhm kam 1667 mit dem *Andromaque* und entwickelte sich im Zeitraum von zehn Jahren, während denen Racine eine satirische Komödie und sieben Tragödien schrieb, sieben Stücke von eigentlich schwankungsloser Stärke. Drei davon behandeln griechisch-mythologische Themen: eben *Andromaque, Iphigénie en Aulide* und *Phèdre*; drei römisch-historische Themen: *Britannicus, Bérénice, Mithridate*; eines, *Bajazet*, ist beinahe zeitgenössischer Inspiration und spielt in Konstantinopel, folglich wenn nicht in der Zeit, so doch im Raum „entfernt". Und Entfernung, Distanz war für Racine eine Grundforderung der Tragödie.

Racine wurde also berühmt. Nicht ohne Anstrengung, denn da war immerhin noch Corneille, der altberühmte, der Mann, der die jetzt reifen und alternden Menschen damals, als sie jung gewesen waren, mit seinem *Cid* begeistert hatte. Corneille, der heldisch Vernunftgläubige, auf die Ehre Vertrauende, der Mann, der nicht recht an unlösbare Verstrickung glauben wollte. Ihn hatte Racine abzulösen in der Publikumsschätzung. Es gelang ihm auch, aber da er das kleinste Zögern der Öffentlichkeit registrierte, als sei es ein wirklicher Widerstand, kam er wohl schwer zum Genuß dieses Ruhms. Dabei hatte er immerhin den jungen König und dessen Mätresse Madame de Montespan auf seiner Seite. Diese unheimliche Überempfindlichkeit Racines brach in eine schwere Krise aus, als von Hofkreisen her eine Kabale gegen seine *Phèdre* inszeniert wurde: ein anderer, heute längst vergessener Dichter sollte gleichzeitig eine *Phèdre* herausbringen, die denn auch zunächst die ersten Aufführungen von Racines Werk beeinträchtigte. Es war eine nur leichte, kurzdauernde Dämpfung seines Erfolgs. Aber die Kabale hatte eine ungeheuerliche Wirkung: Racine zog sich vom Theater zurück und rührte während zwölf Jahren keine Feder mehr für die Bühne.

Dieses so viel besprochene Schweigen Racines ist bis auf den heutigen Tag nicht voll erhellt worden. Daß es eine beinahe tödliche Schaffenskrise war, läßt sich nicht bezweifeln. Da ist erstens einmal die Tatsache, daß Racine mit seiner *Phèdre* den Frieden mit Port-Royal suchte und auch fand. Er bekennt, diese Figur sei das, was er an „Vernünftigstem"

geschrieben habe in seinem Leben, nämlich eine Gestalt, die
vor dem über sie verhängten Unheil als erste Grauen emp-
finde und den bloßen Gedanken an das Verbrechen ebenso verabscheue wie das Verbrechen selbst. Nirgends in seinem
Werk sei das Gute so sehr ins Licht gestellt worden. Man hat
deshalb immer wieder gesagt, Phèdre sei eine jansenistische
Gestalt, ein Wesen, dem eben die Gnade fehle, das verdammt
sei von allem Anfang an und das nun Gottes Willen vollziehe,
indem es sich selber austilge. Sicher liegt auf dem Grund von
Racines Schaffenskrise eine neuerliche, diesmal vollbewußte
Bekehrung zum Jansenismus. Eine solche mußte aber den
Dichter zwangsläufig in Konflikt bringen mit dem Theater
und der Lebensweise, die am Theater beinahe die Regel war.
Racine war eine leidenschaftliche Natur, und das Theater
brachte ihn in nahe Verbindung mit Schauspielerinnen und
Damen der Halbwelt, ja es brachte ihn durch diesen Umgang sogar in die Nähe der berüchtigten Giftmischerin Voi-
sin. Als die berühmte Schauspielerin Du Parc, die von Corneille, Molière und Racine umworben und von dem letzteren
auch gewonnen wurde, eines plötzlichen Todes starb, geriet
Racine gar in den Verdacht, sie umgebracht zu haben. Das war
1668. Man konnte Racine nichts beweisen; der Tod der Du
Parc, für die er die Andromaque geschrieben hatte, traf ihn
jedenfalls tief. Aber kurz darauf schon verfiel er der Liebe
zu der Champmeslé, die nun seine Heldinnen auf der Bühne
kreierte und die er in alle Subtilitäten der Bühnensprache, so
wie er sie sich wünschte, einweihte. Diese Erlebnisse waren
geprägt von dauernder, nicht auszurottender Eifersucht. Racine war kein bequemer Liebhaber, glücklich zu sein hatten
ihn weder seine Natur noch seine Erziehung gelehrt. Als er
sich nun bekehrte, dachte er zunächst daran, sich aus der
Welt zurückzuziehen, entschloß sich dann aber zur Heirat.
Das tönt paradox, ist es aber nicht.

Racine heiratete eine Frau, die nie eine Zeile seiner Stücke
gelesen hat, nie ins Theater ging, Racine wurde ein höchst

besorgter, pflichtbewußter Vater seiner Kinder, dem es wichtig war, sie nach besten Kräften von der Literatur fernzuhalten. Er ergriff einen Beruf, den Posten eines „Geschichtsschreibers des Königs", zu welchem Amt er gleichzeitig mit seinem Freund Boileau berufen wurde. Er hatte den König auf seinen Reisen und Feldzügen zu begleiten und dessen Geschichte frisch aus dem Tag heraus aufzuzeichnen. Diese Arbeit Racines ist verlorengegangen in einem Brand; wir wissen nicht, wie er sich seiner Aufgabe entledigt hat. Problematisch dürfte sie ihm kaum gewesen sein, denn er bewunderte, wenigstens damals noch, den Sonnenkönig ebenso aufrichtig wie vorbehaltlos. Er lebte auch nicht ungern im Bannkreis des Hofs; elegante Manieren, subtile Gespräche waren ihm ein natürliches Bedürfnis.

Eines jedenfalls muß bei der Deutung dieses geheimnisvollen Verstummens Racines mit aller Sicherheit festgehalten werden: es handelt sich nicht um ein Versagen der Schaffenskraft. Nicht nur bezeugen das die Werkpläne, die 1677 noch vorlagen, unter anderem eine *Iphigenie auf Tauris*, sondern auch die seltsame Art, wie Racine später wieder den Weg zum Theater fand. Die damalige Mätresse des Königs, Madame de Maintenon, fromm geworden, an pädagogischer Arbeit klug und ehrlich interessiert, bat 1689 den Dichter um ein Stück, das die jungen Mädchen von Saint-Cyr, einem von Madame de Maintenon protegierten Erziehungsinstitut für junge Adlige, aufführen könnten. Es sollte moralisch einwandfrei sein und auch dem Gesang Raum geben. Und Racine, der zwölf Jahre lang theaterfern gelebt hatte, setzte sich sofort hin und schrieb seine *Esther*, so als hätte er die Feder überhaupt nie weggelegt gehabt. Es wurde ein fulminanter Erfolg, der ganze Hof pilgerte nach Saint-Cyr. Doch stieg die Bewunderung den jungen Damen allzusehr zu Kopfe, und als die Maintenon bald darauf Racine um ein neues Stück bat, wurde dieses nur noch in den höchst unkleidsamen Schuluniformen gespielt und fiel durch. Es war die *Athalie*, also ein ebenfalls vom Alten Testament inspiriertes Drama, in dem sich ebenfalls Chöre finden, in dem sogar ein Kind auftritt – alles höchst kühne Neuerungen, wie denn überhaupt die *Athalie* eines der gewaltigsten Werke Racines ist. Daß es an einer lächerlichen Äußerlichkeit scheiterte, brachte Racine zum endgültigen Verzicht. Er lebte noch bis 1699, litt unter der Entwicklung, die Ludwig XIV. genommen hatte, litt unter der immer sichtbareren Zerrüttung des Landes, war ein frommer, pflichtbewußter Christ, der vieles in sich verschloß, rätselhaft bis zuallerletzt.

Ein Mensch der Maske. Sie ist ihm auch in seinem Nachleben geblieben. Die Schlagwörter vom „sanften", vom „undramatischen", vom bloß „harmonischen" Racine, ja vom „allzu glatten" Racine haben ein langes Leben, vielleicht weil sie von allem Anfang an so entstanden sind, wie Schlagwörter eben entstehen: ohne wirkliche Befassung mit dem Gegenstand. Sicher ist Racines Kunst eine höfische Kunst, abgestimmt auf ein Publikum, das Meister war im feingestuften Gespräch und das ein raffiniertes Wissen um die psychologischen Vorgänge in sich entwickelt hatte. Man brauchte nicht laut zu sprechen vor diesem Publikum, um verstanden zu werden; die bloße Andeutung genügte häufiger als anderswo. Man durfte die Tragödie auf den innerseelischen Raum beschränken, seelische Vorgänge passionierten dieses Publikum. Sicher auch hat Racine die antiken Quellen, die er mit Vorliebe benutzte, im Sinne dieser höfischen Wohlanständigkeit ausgeglichen. Die griechischen Tragiker sind ja gerade, wenn sie Sklaven sprechen lassen, von einer herzhaften Unbekümmertheit. Bei Racine schweigen die Sklaven, und die „Vertrauten" sprechen im gesitteten Ton ihrer Herren und Herrinnen. Sicher endlich hat Racine eine unwiderstehliche Vorliebe für erotische Themen, die Liebe steht im Mittelpunkt seiner Dramen. Das wurde und wird ihm nicht selten zum Vorwurf gemacht. In der so fesselnden

Abrechnung, die August Wilhelm Schlegel anläßlich von Racines und Euripides' *Phaedra* mit Racine gehalten hat, finden wir im Vordergrund den Vorwurf, Racine habe es nicht gewagt, Hippolyt von der Liebe fernzuhalten als unbeugsamen Verehrer der Diana – Racine hat ja selber bekannt, ein junger Mann, der von Liebe nichts wissen wollte, erschiene seinem Publikum etwas lächerlich. Wenn Racine neue Personen in einen antiken Stoff eingeführt hat, sind es immer leidenschaftlich, ja dämonisch Liebende. In dem nun seit Jahrhunderten als pädagogisches Spiel betriebenen Vergleich zwischen Corneille und Racine wird zugunsten Corneilles mit Vorliebe angeführt, er sei weniger besessen von der erotischen Problematik, er sehe Problematik auch noch außerhalb der Liebesverstrickung. Aber es ist ja nun wirklich nicht so, daß man „sanft" wäre, wenn man die Liebe in den Mittelpunkt des Lebens stellt. Die Liebe Racines ist alles andere als sanft. Phèdre sagt von sich: „Mit voller Wut treibt mich der Venus Zorn" – wenigstens sagt sie es so bei Schiller. In Wirklichkeit sagt sie: „C'est Vénus tout entière à sa proie attachée." Ein unnachahmlicher, also unübersetzbarer Vers, schon im hiatischen Klang zum Fürchten, und im Bild eine tierhafte Göttin beschwörend, die sich verbissen und verkrallt hat in ihr Opfer. Racines Liebe ist immer dicht am Haß, immer bereit zur Zerstörung, zur Zerstörung des Geliebten wie des Liebenden. Aber diese Haßliebe ist immer hellsichtig, „vernünftig" in ihrem Wüten, sie wird nie heiliggesprochen. Die Ratio hat bei ihm immerhin wenigstens noch die Macht, den Menschen, der ihr nicht folgt, zum Untergang zu führen. Und der Eros siegt nur insofern, als man durch ihn zugrunde geht; er vermag wohl zu morden, nicht aber das Leben zu sättigen. Bei Racine erfüllt die Liebe ihren Namen Leidenschaft, passion ganz und gar. Immer ist sie Leiden. Alle großen Bösen Racines sind bös aus Leiden; sie wissen nicht mehr aus und ein vor Leiden, dann schlagen sie um sich, dann schlagen sie die Welt tot, um dieses Leiden zu morden. In *Andromaque* sehen wir den einst wilden, aber heldischen Sohn des Achill, Pyrrhus, in Liebe verstrickt zu seiner Sklavin Andromache, der Witwe Hektors. Er erpreßt ihre Liebe, indem er ihr droht, ihren Sohn den Griechen auszuliefern, wenn sie ihn nicht erhöre. Das ist durchaus schändlich, und er weiß es, aber „Je meurs, si je vous perds, mais je meurs, si j'attends." Selbst ein Nero ist bei Racine noch ein unmenschlich Leidender, und es bedarf der Leidenschaft für Junie, seine Schlechtigkeit zum Wachstum zu bringen. Alle diese Besessenen wollen nicht mehr leiden, oder zum mindesten nicht mehr allein leiden.

Man konnte so Racine mit einigem Recht vorwerfen, alle seine Gestalten hätten etwas Weibliches, da sie das Gefühl absolut setzten und sich ihm restlos auslieferten. Was ist für einen Pyrrhus die Sache der Griechen: um Andromache zu gewinnen, würde er ganz Griechenland den Krieg ansagen. Was ist für Orest die diplomatische Mission, die er übernommen hat: um Hermione zu gewinnen, verrät er seine Griechen ohne Zögern. Selbst Mithridates wird an seiner Liebe zu Monime entzifferbar, und Agamemnon und Achill aus der *Iphigénie en Aulide* sind so unsachlich als nur möglich in ihren Reaktionen. Daß Klytämnestra ihren Gefühlen sich rasend hingibt, ist nicht Racines Erfindung, wohl aber, daß Iphigenie zum Opfer nur bereit ist, weil sie erfahren hat, sie dürfe Achill nie angehören. Ihr Gespräch mit dem Vater führt nicht zur Selbstaufgabe; Péguy hat behauptet, es sei der Ausdruck einer unentwurzelbaren Grausamkeit, jener Grausamkeit, in der er den Grundzug Racines sehen wollte. Diese Iphigenie singt zwar nicht ihr Parzenlied, aber sie lebt ihre „Erbmassen" auf eine verhohlene, doch nur um so unheimlichere Art aus. Erbmassen – der moderne Terminus darf bei Racine durchaus angewendet werden. Tatsächlich hat er die moderne Einsicht in das Unterbewußte in erstaunlichem Maße schon vorausgenommen: wer etwa den Mechanismus des Minderwertigkeitskomplexes, der Haßbindung an überragende Eltern studieren wollte, könnte es nirgends besser tun als an Racines *Andromaque*.

Es könnte nun freilich scheinen, als füge sich die *Bérénice* nur mühsam in das ein, was wir hier für Racine typisch genannt haben. *Bérénice* ist eine Tragödie ohne Tote. Eine Tragödie, in der, oberflächlich gesehen, alles „gut ausgeht". Und doch konnte ein bedeutender Racine-Kenner sagen, wer wissen wolle, ob er ein geborener Racine-Leser sei, müsse es an *Bérénice* ausprobieren. Racine selber hat in seinem „Vorwort" erklärt, er habe die „äußerste Einfachheit" des Themas geliebt und zeigen wollen, daß das Wesen der Tragödie (ja vielleicht sogar auch der Komödie, nennt er doch auch Menander und Terenz in diesem Zusammenhang) darin bestehe, „etwas aus nichts zu machen". Nicht minder wichtig ist freilich, daß Racine in seinem nächsten Stück von dieser kühnen Einfachheit wieder etwas zurückgekommen ist und seinem Publikum eine äußerlich dramatischere Handlung vorgesetzt hat.

Worum geht es in der *Bérénice*? Sueton hat das Thema gegeben: „Titus reginam Berenicen ... ab Urbe demisit invitus invitam." Zwei Liebende müssen sich trennen aus Staatsräson, ein Kaiser, eine Königin. Ein dritter Mensch steht zwischen ihnen, ebenfalls ein König: Antiochus, der mit Titus befreundet ist und Berenize seinerseits liebt. Das Ende ist, daß sie alle drei auseinandergehen, jeder an seine Herrscherpflicht:

Doch leben gilt es nicht, regieren gilt's fortan.

Man verkennt das Stück, wenn man annimmt, es gehe hier darum, ob sich Titus von Berenize trenne oder ob er sie heirate. Die Frage geht nur darum, wie Titus es Berenize s a g e, ob er überhaupt die Kraft aufbringe, es ihr zu sagen. Denn daß er es tun muß, steht für ihn von allem Anfang an fest. Er muß dem Gesetz folgen, das er selber gibt, der Liebende, der individuelle Mensch muß sich dem Herrscher beugen; Titus hat sich zu bewähren als sein eigener Untertan. Berenize ist im selben Fall, nur weniger dringend, die Herrscherpflicht steht bei ihr weniger im Vordergrund. Ähnlich ist es für Antiochus. Seine Rolle in dem Stück ist die des Mittlers, nicht des Vermittlers; an ihm kann das Kräftespiel der Liebe deutlich und so, wie es diese Kunst will, das heißt an einer menschlichen Seele, abgelesen werden. Nur nebenbei gesagt: *Bérénice* hat gerade darin viel Ähnlichkeit mit Strindbergs *Totentanz*. In Racines Stück stehen alle diese drei Menschen im Widerstreit zwischen persönlichem Glück und überpersönlicher Aufgabe. Könnten sie handeln, wie sie wollten, so würden sie diese Aufgabe aufgeben, sich angehören oder freiwillig aus dem Leben gehen. Tatsächlich treibt sie denn auch der Dichter bis fast am Ende der letzten Szene so weit, daß sie alle drei sterben wollen:

Halt, Fürsten! Haltet ein, bezwinget diesen Schmerz.
Mit welchem Äußersten bedroht ihr zwei mein Herz?
Wohin mein Aug' sich kehrt und liest in euren Mienen,
Ist der Verzweiflung Bild ihm hier wie dort erschienen.
Nur Tränen schaut mein Blick; mein Ohr hört
                                        schreckensvoll
Von Untergang und Graun und Blut, das fließen soll.

Am Bild dieser todbereiten Verzweiflung, die Berenize bisher nur in sich zu finden glaubte, findet sie nun, die bisher sich am offensten aufgelehnt hatte gegen die Staatsräson, die Kraft zur Lösung. Titus' Liebe zum Äußersten entschlossen zu sehen, unvermindert, ungeschwächt, das läßt sie den Weg finden, der hier vorgezeichnet ist von allem Anfang an: den Weg zur Opferung des persönlichen Glücks. Man stirbt nicht, aber man opfert doch sein Leben. Herrschen ist das Gegenteil von Leben. Diese drei herrscherlichen Naturen – auch Antiochus wird aufgetragen, sich als eine solche endlich zu bewähren – leben nicht mehr im eigentlichen Sinne. Sie opfern sich selber in freier Einsicht. Nur so sind die letzten Verse zu verstehen: Berenize gibt das Drama als Beispiel nicht der Selbstüberwindung, sondern als Beispiel der „unseligsten Liebe". Und so klingt denn auch das Drama bei Racine in einem „Hélas!" des Antiochus aus, sicher ebenso schwer zu sprechen wie das „Lebt wohl!" von Goethes Thoas. Weiterleben ist hier eine Form des tragischen Todes, freilich seine unscheinbarste Form.

Ich wagte vorhin das Urteil, Racines *Bérénice* sei vollkommen. Das ist ein Begriff, den man gar nicht vorsichtig, gar nicht selten genug brauchen soll. Hier soll man ihn brauchen. Vertieft man sich in die Struktur dieser Tragödie, so stößt man auf eine immer neu bestürzende Stimmigkeit. Der Vergleich mit Bachs Kunst der Fuge ist nicht zu hoch gegriffen, nicht abwegig. Gesetzmäßigkeit spricht noch aus dem kleinsten Werkelement. Da ist alles gearbeitet in feinsten Bezügen, in einem raffinierten Spiel zwischen Hall und Widerhall, zwischen Gegenwart, Vergangenheit und Zukunft. Doch ist es ein Raffinement der scheinbaren Einfachheit. Nirgends wohl wäre das besser zu erkennen als an den Reimspielen des Textes – und gerade sie müssen natürlich weitgehend fallen in einer Übersetzung. R. A. Schröder hat zwar den Reim in seinen Alexandrinern beibehalten, aber das, was Racine diesem Reim abgewinnt, das konnte nicht oder nur andeutend bewahrt bleiben. Racine hat nicht nur Klangreime, sondern auch Begriffsreime. Da reimen sich etwa *cour* und *amour*, *empire* und *dire*, *déclarer* und *séparer*, *Bérénice* und *justice*, *injustice*, *impératrice*, *avertisse*, *obéisse*, *sacrifice*, *finisse*, *éclaircisse* – alles Wortbegegnungen, die unmittelbar vorstoßen in den Kern des Geschehens. Und dabei sind diese Reimspiele immer unauffällig, wie denn überhaupt Racines Sprache ein Wunder an Unauffälligkeit ist. Nirgends ist der Vers so „natürlich" wie bei ihm. Man könnte – ohne es zu dürfen – seine Sprache durchaus prosa-

ich sprechen, seine Poesie setzt sich nur um Haaresbreite ab
von der Prosa, allerdings liegt in dieser Haaresbreite alles.
Gerade in *Bérénice* wird Racines Vers zur reinen Musik,
ohne doch hermetisch oder gewaltsam zu wirken. Das ist ein
letztes Gelingen, das durch keine Übersetzung je erreicht
werden dürfte. So muß eine Übersetzung sich damit begnügen, das Drama, die innere Kraft der Handlung und die
strenge Haltung, den Anstand, der hier so gar nichts nur
Äußerliches ist, den Aufbruch und Ausbruch aus der Haltung wiederzugeben und wenigstens durch den Vers diese
Haltung im sprachlichen Ausdruck zu bezeichnen. Das ist
nicht alles, was zu geben wäre, aber es ist auch nicht wenig.
Es genügte, Racine seinen Ort auf der deutschen Bühne endlich zu erkämpfen. Das muß geschehen – nicht so sehr Racines wegen, sondern der deutschen Bühne wegen. Racine ist
ihr unentbehrlich. Heute vielleicht mehr denn je. Denn Racine ist ein Endbegriff des Theaters. Man kann tatsächlich an
ihm fast alle Gesetze des Theaters geradlinig ablesen. Das ist
für eine Zeit, die wie die unsrige sich dadurch kennzeichnet,
daß sie Theater „an sich" zu machen strebt, von grundlegender Wichtigkeit.

Innerhalb des beinahe unabsehbaren Schrifttums, das Racines Werk immer noch hervorbringt, scheint mir das knappe
Buch Ruth Schmids *Der dramatische Stil bei Racine* (Verlag
Sauerländer, Aarau 1959) für die Erkenntnis und die theatermäßige Auswertung Racines besonders wichtig. Ruth
Schmid weist darin genau nach, daß Racines Dramatik sich
mit beinahe mathematisch zu nennender Folgerichtigkeit auf
die Grundvorgänge der Bühne ausrichtet. Diese Grundvorgänge: ein Mensch betritt die genau abgezirkelte Bühne,
verharrt auf ihr, durchschreitet sie, verläßt sie, wendet sich
einem anderen Menschen zu, wendet sich von ihm ab, spricht,
schweigt, tut einen Schritt, hebt eine Hand, blickt hin, blickt
weg – alle diese so elementaren Lebenszeichen werden bei
Racine zu den eigentlichen Säulen des Geschehens. Die *An-*

dromaque konzentriert sich um das Motiv des Verharrens oder des Durchschreitens. Andromache z. B. sagt immer wieder, sie gehe nur gerade vorbei auf der Bühne: tatsächlich ist sie denn auch die einzige Figur, die nicht in der Todesfalle der Bühne umkommt. Im *Britannicus,* diesem Drama um das „entstehende Ungeheuer" Nero, ist das Grundmotiv der Schritt: wird Nero den entscheidenden Schritt ins Urböse tun oder nicht? Aber „Schritt" ist hier keine Sprachfloskel, sondern ein wirklicher Schritt, ein Bühnenschritt. In *Bajazet* hat sich der von der Sultanin geliebte Bajazet zu entscheiden, ob er bei ihr bleiben will: verläßt er die Bühne, so muß er sterben: „S'il sort, il est mort." Über Phädra wölbt sich der offene Bühnenhimmel, ist sie doch ausgespannt zwischen Himmel und Unterwelt, als Enkelin des Helios und Tochter des Totenrichters Minos. Licht und Finsternis sind hier die absoluten Konstanten. In der *Bérénice* ist das Grundmotiv das Sagen, das Wort an sich und in sich. Kann die von vornherein feststehende Entscheidung des eben ernannten Kaisers auch „gesagt" werden, das ist die Frage. Ob er spricht oder schweigt, ist das Drama an sich.

Wer die Originaltexte Racines liest, wird feststellen, daß Racine kaum je Regieanweisungen im heutigen Sinne gibt. Die originale Ortsbezeichnung der *Bérénice* heißt: „Ort der Handlung Rom, in einem Kabinett, das sich zwischen den Wohnräumen des Titus und denen Berenizes befindet." Die eigentlichen Spielanweisungen sind völlig in den Text eingearbeitet; versteht ein Schauspieler zu lesen, so wird er auch erfahren, wie er zu spielen hat. R. A. Schröder hat hier einige Erweiterungen angebracht; er hat auch die Schlußszene räumlich geöffnet, um mehr „Farbe" und Bühnenwirkung zu erreichen. Ich möchte mir aber vorstellen, daß gerade heutige Regisseure in der Nachfolge von Racines strenger Konzentration eine mindestens ebenbürtige Wirkung erzielen könnten.

Diese Texte, die es nur wirklich entziffern heißt, leben in

einem Maße aus dem Grundalphabet des Theaters wie nur ganz wenige dramatische Werke überhaupt. Wir lieben heute, allerdings mit unserer ganzen artistischen Bewußtheit, wieder die Commedia dell'arte, die „reines" Theater ist auf komischer Ebene. Auf tragischer Ebene entspricht dieser Commedia dell'arte das Theater Racines. Der Mensch ist hier alles, alles hat er zu leisten auf der Bühne und nur auf der Bühne. Alles muß er sichtbar und hörbar und spürbar machen, selbst das Abwesende, er als streng auf die Bühne beschränktes, von der Bühne gesteigertes Wesen. Es wird ihm kaum Hilfe von Elementen, die von außen hereindringen. Botenberichte nach antiker Manier müssen als Bericht auf der Bühne wirken, auf die Bühne als auf ihr Ziel hinstreben. Man beachte in der *Bérénice* etwa die Erzählung der Königin, wie sie Titus' Ernennung zum Kaiser erlebt hat. Da verengert sich der ganze Prunk des Römischen Reiches mit unabwendbarer Zielstrebigkeit hin auf die „liebe Gegenwart" des Einzigen, gipfelt sich an diesem Schluß des ersten Aktes auf zu einem grandiosen Hinweis auf den, der jetzt gleich, wenn sich der Vorhang zum zweiten Mal hebt, erscheinen wird, auf Titus, den Einzigen, den Einsamen, die Inkarnation der Macht und der Liebe. Inkarnation ist die Bühne Racines absolut, aus Mensch gemacht, für den Menschen gemacht, mittels des Menschen und mittels der Mittel, die einem Menschen auf einer Bühne gegeben sind.

Das alles scheint sehr einfach, doch gibt es wahrscheinlich nicht leicht etwas Schwereres als solche Einfachheit. Schon hat ja die moderne Bühne, freilich vielfach ohne es sich klarzumachen, die Grundsätze des klassischen Theaters wie etwa die Einheit des Ortes und des Raums wieder aufgenommen – was ist denn der Abbau des Bühnenbildes viel anderes? –, schon hat die „Verfremdung" das Prinzip der französischen Klassiker, der Zuschauer könne und dürfe nicht vergessen, daß er im Theater sitze, in die Spieltechnik einbezogen. Gewisse Szenen Brechts müßten denn auch durchaus in einem

Stil gespielt werden, der demjenigen Racines nicht fernsteht. Brecht beruft sich zwar in erster Linie auf das ostasiatische Theater und dessen distanzierte Noblesse. Solches aber steht auch im Mittelpunkt von Racines Kunst. Wildeste Leidenschaft, unmittelbare Bedrohtheit durch den Tod muß sich durch die „convenance" der Bühne hindurch aussprechen. Wir wollen heute wieder theatergemäßes Leben auf der Bühne. Racine macht uns dieses zur unumgänglichen Pflicht. Damit aber wird er wahrhaft zeitgemäß. Daß er daneben auch noch zeitlos ist, hat jeder Hellhörige je und je erkennen können.

Elisabeth Brock-Sulzer

RUDOLF ALEXANDER SCHRÖDER
IM SUHRKAMP VERLAG

APHORISMEN UND REFLEXIONEN

Auswahl und Nachwort von Richard Exner
Erstausgabe 1977
200 Seiten. Leinen. DM 28,–

AUSGEWÄHLTE GEDICHTE

Auswahl und Nachwort von Hans Egon Holthusen
Bibliothek Suhrkamp Band 572. 1978
126 Seiten. DM 10,80

FÜLLE DES DASEINS
BÜRGER – WELTMANN – CHRIST – MITTLER – DICHTER

Eine Auslese aus dem Werk
Ausgewählt von Siegfried Unseld. 1958
628 Seiten. Leinen. DM 24,–

DER WANDERER UND DIE HEIMAT

Bibliothek Suhrkamp Band 3
Neuauflage zum 100. Geburtstag 1978
144 Seiten. DM 10,80

die nur einen Mokka trinken wollen, kommen zwischen eins und zwei. Nur einige Stammgäste kleben an ihren Plätzen wie Schnecken und Polypen der Tiefsee an ihrem Felsstück.

Da hocken sie allein, verschlossen und unnahbar. Auf ihrem Tisch stehen drei Gläser Wasser, davor Papier und Tinte. Es ist nicht schwer, ihren Beruf festzustellen. Unausgesetzt schreibt einer, der sich um eine Stelle bewirbt, oder ein Vertreter, der seinen Reisebericht macht. Wer eine halbe Stunde lang in die Luft starrt, nervös etwas kritzelt, was er dann wieder ausstreicht, ist Schriftsteller.

Eine Stille herrscht wie auf dem gründlich dämmernden Meeresgrund. Die Kellner wechseln mit der Würde von Zeitlupenfilmen die Zeitungen.

Ein magerer, düster dreinschauender junger Mann mit gestutztem Schnurrbart und hervorspringendem Adams……………… er trägt eine bis zum Bersten vollgestopfte Mappe unt der nach links noch nach rechts, geht durcl setzt sich hinten, in der Nähe der Kartentische, auf seinen gewohnten Platz.

Sein Gesicht sieht noch sorgenvoller aus als sonst. Er kommt von der Analyse, um vier ist er beim Zahnarzt angesagt. Vor einiger Zeit hat er es sich in den Kopf gesetzt, dass er sich körperlich und seelisch in Ordnung bringen lassen will. Zorn und Unmut brodeln jedoch in seinem Inneren. Er ist nicht zufrieden, weder mit sich noch mit den Ärzten; die basteln nur an ihm herum und machen, was schlecht ist, noch schlechter. Zähneknirschend sitzt er beim Frühstück.

Dann schließt er die Mappe auf und zieht ein dickliches Heft heraus. Es hat die Größe eines leeren Buches – das will er heute vollschreiben. Jetzt macht er sich daran und steht nicht auf, bis er das Heft nicht vollgeschrieben hat. Die Seiten sind im vorhinein numeriert – 1-170. Jetzt wird er mit seiner Vergangenheit abrechnen, jedes Gefühl und jeden Gedanken hemmungslos niederschreiben, Grund und Ursprung der vielen Unbillen aufdecken. So aufrichtig sich selbst gegenüber wie noch nie.

Und er hat das Heft vollgeschrieben, bis zur letzten Seite. Ein gespenstisches Geschreibsel. Er hat es zu Lebzeiten niemandem gezeigt, wollte aber, dass es erhalten bleibt, er hätte ja die Gelegenheit gehabt, es zu vernichten. Auch die Schrift bezeugt, dass er bei der Arbeit an Leser dachte. Er schreibt kalligraphische Buchstaben mit weiten Zwischenräumen, als wollte er dem zukünftigen Verfasser der Monographie die Arbeit erleichtern. Auf der ersten Seite steht der nachträgliche Vermerk: „Liste freier Ideen in zwei Sitzungen."

Andor Németh, Erinnerungen an József Attila

Liste freier Ideen
in zwei Sitzungen

8:45, Sonntagabend

Rahmen:

Der Unselige, der diese Zeilen geschrieben hat, sehnt sich so maßlos nach Liebe, damit die Liebe ihn daran hindert, Dinge zu tun, die zu tun er sich fürchtet. Man hat ihn geschlagen für Taten, die er niemals begangen hat. Er ist das ungeliebte Kind. Sie haben es geschlagen, weil sie nicht ertragen konnten, es nicht zu lieben. Dieses Kind sehnt sich so maßlos nach Liebe, damit sie ihm nie wieder wehtun können.
Und jetzt ist dieser unselige Idiot auch noch seiner Analytikerin verfallen, und das nur, weil er glaubt, sie werde ihm gewiss nicht weh tun. Ihm entgeht die Arglist der Therapeutin, die ihn nur drei Stunden in der Woche für einen Menschen erachtet. Auch in diesen drei Stunden beachtet sie ihn nur, weil sie dringend auf 40 Pengő angewiesen ist. 40 Pengő zwingen sie, ihn wenigstens für kurze Zeit als Mensch anzuerkennen. Zwar könnte sie jederzeit auch mit einem anderen für dieses Geld arbeiten, aber sie hat ihn ausgesucht – gerade weil er so ersetzlich ist. Und weil es ihr ganz und gar egal sein kann, wen sie behandelt, behandelt sie eben ihn. Nichts würde seine Analytikerin verlieren, tauschte sie ihn gegen einen anderen Patienten aus. Er aber, ersetzte er seine Analytikerin durch eine andere, er würde alles verlieren, müsste ganz von vorne anfangen, verlöre zwei ganze Jahre.

Erste Sitzung

Freitag, 12 vor 8, nach Gyömrői und einem kompletten Frühstück –

Krepier – Karierte Decke – ich denke – coito ergo sum – ich schwanzdenke, also bist du – Zagyva Laborc Rika fließen in die Theiß – Mädels Filiale Mädelsprache – Ungarisch, nicht Französisch – du riesenhafter Teschek – Meck Meck Meck, drei tapfere Schneiderlein – das Geld ist auch ein Kuchen Stangenklettern Kościuszko – daraus wird keiner schlau – dummes Luder – fiese Schlampe – fick deine Mutter – russischer Tee – Zitron Zigan Pferdeapfel – Zitronade – reihenweises Furzen und Schilfrohr, aufgereiht – dann noch ein Furz, den schluckst Du – Miksa Natter-Nád – Chefredakteur Handreiber – Was treibt dich an

Handgelenk – Hecht – Szabadszállás – Anstellung

Staatshand – Kopierpapier

Tapir – Tortenpapier –

soll ich mir darum in die Hose machen –

Machenschaft

Machwort

Ständer

scheinbar

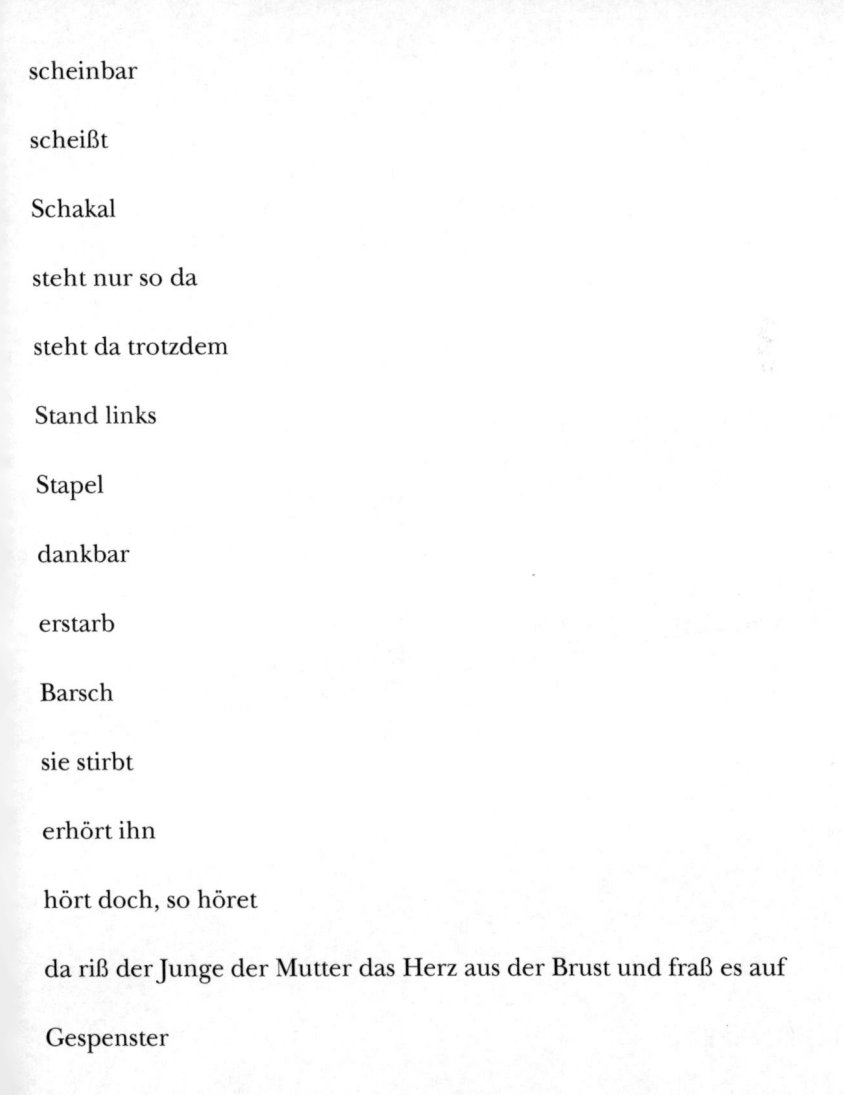

scheißt

Schakal

steht nur so da

steht da trotzdem

Stand links

Stapel

dankbar

erstarb

Barsch

sie stirbt

erhört ihn

hört doch, so höret

da riß der Junge der Mutter das Herz aus der Brust und fraß es auf

Gespenster

den Kopf abgeschlagen

da spricht die tote Mutter

hast du dir weh getan, mein Sohn?

Märchen

Märchenmärchenmär

schwarz, das ist der Arsch der Kuh

Schwarzer Peter, das bist du

ich schlug die Fliegen tot mit einem Hieb

ihr lieben Kinderlein, seid lieb

wer essen will, hat brav zu sein

vom Teller lasst die Fingerlein

Chemikalien

Devotionalien

Devotfäkalien

Krähenfußdahlien

schöns Blümlein

zum Glück nicht verkackt

Márton „Károly" lovászy

die Pferde scheißen auf die Straße

zum Pissen bleiben sie stehen

alle müssen sterben

die Welt in Stücke schlagen

sie knüpfen an den Mast

das Groschenheft

sie hat es nicht gekauft

das Luder dreckiges Luder

der blau gepunktete Elefant

der weiße Elefant

Mark Twain

Marke

Markt

Rindviech

Geschwind

ich habe nachgedacht, wozu die Eile?

da ist ein Weib

das wird gefreit

geweibert

gefickt

armer Irrer

der Mann im Kaffeehaus sagt depperter Stoffel

so hirnverbrannt wie sein Schwengel

schwarzer Peter

der Teufel wird dich holen

Froschkönig

da sprang die kleine Erbse heraus

Wichse

das Lied vom Wichser Oláh

Freies Wort

urteilt über mich

ich habs nicht getan

Gott, was hab ich nur getan

wird sie's lesen

wird sie's sehen

ja, ich hab die Buchteln gestohlen

dummer Esel

alles ist erlaubt

du weißt gar nichts

sie wird es herzeigen

krepieren soll sie Herrgottnoch

herrgottnoch kleingeschrieben

ich schreib das Buch noch voll

sie wird es niemals verstehen

diese dumme Stute

alte Stute

alte Hure

hättst du wohl gern

mein Nacken kratzt

mein Arsch kratzt, ich kratz mich, wie ich will

sie ist krepiert, da kann man nichts machen

warum haben sie mich weggeschickt?

und währenddessen haben sie

gefickt

verschossen

alles schon vorbei

er hat ihm ordentlich eine verpasst

halts Maul

noch sag ichs im Guten

gleich reiß ich dir die Eier raus

Geduld ist eine Tugend

was hältst Du für eine Tugend?

alles, was etwas wert ist

wat is dat allet wert?

ficken

lecken

blasen

was man gleichfalls lecken nennt

gnäschig

gfräßig

schlaksig

stachlig

sie hatten Spaß beim Abendessen, haben mich nicht aufgeweckt, das ist niemals wiedergutzumachen

Drecksäue

das ist vorbei

jetzt alles auf Anfang

sie frisst mit ihrer Möse den Mann, fängt an beim Schwanz

zerkrümelt ihn

fängt beim Schwanz an

klemmt ihn zwischen die Schenkel

hat Schenkel wie aus Holz, verlacht den Militäroffizier

sie enthüllten die Statue

zeig mir deinen Schwanz und ich sag dir, wer du bist

du bist am Ende

aus

heraus mit uns

dummer Jud

ich rauch jetzt eine, was noch fehlt, darf fehlen

das hier ist eh ein Haufen Scheiß

das ist ein fixer Punkt

Ziege

Ziegenstädterin

alte Ziegenstädter Kirche

Vak Bottyán, der Blinde

Kanone

Stichelei

gleich setzt's was, aber richtig

dann wirst du stundenlang den Kállai tanzen

kleiner Kutscher großer Kutscher

versaufen all ihr Hab und Gut

Melitta

bitteres Gebet

ist das die Liebe?

nein, das ist ein Haufen Scheiß

krepieren sollen die Weiber

Impotenz

über alle sieben Potenzen

Potentat

Polenta

süßer Fladen

süßer Maisfladen

ich hab ein junges Mäderl

dass ihr der kleine Pisti nicht zu früh abgeht

als Kind hab ich gefragt: ja was denn für ein Pisti, wo will er denn nur hin, und warum soll er nicht

dumme Schlampe

verficktes Luder

die Etus

die Mama

die Ma

ama

Anna

Anna K. Fazekas

armer Mitya

was soll man machen

was soll man machen

sagen Sie mal

Tátra-Kino

Üllőistraße 63 III.

die Familie Titel

Margit Titel

wächst an deiner Musch schon Haar?

ja, isch hab schon Haar an moi Hans

foh de le kupé

hab nachgeschaut, ob unten schon was wächst

soll ich das dieser gemeinen Person erzählen

Pászty

Zwieback

Offiziers Zwieback

Rüsztung

mannlicher

mann

es kommt darauf an ein Man zu sein

Thomas Mann

von Aquin

Goldesel

ein Körnchen

Krümelchen

besser krepieren als das

wozu die Frauen lieben

montags um vier

einst und jetzt

jetzt willst du mich

die Judit soll krepieren!

sie hat mich fast tot geprügelt, die gemeine Sau

warum tut es noch immer weh

es tut nicht weh

hew

schade

Krebs

Webstuhl

verkrüppelt

Krüppelbezüge

deine Mutter ist keine Kriegswitwe

verwitwete Frau Áron József

verwitweter Attila József

dieses Heft wird niemals voll

schmeiß es weg, verbrenn es

zahl die Gyömrői, aber geh nicht hin

sie zieht dich übern Tisch

diese Betrügerin

sie belügt mich

bescheißt mich nach Strich und Faden

mein Klient

meine bessere Hälfte

meine Hinterpartie

mir tut der Rücken weh

das fühlt sich an wie Arbeit

Pensum

das hört niemals auf

die Zwiebeln ernten

das hört niemals auf

immerzu arbeiten

immerzu zappelnder Philipp

immer wieder erstickt man an seiner eigenen Scheiße

Steine schleppen

das hört niemals auf

das hört niemals auf

das hört niemals auf

das hört niemals auf

das hört niemals auf

das hört niemals auf

das hört niemals auf

nein Mama, bitte tun Sie mir nicht weh

deine Mutter, die dreckige Schlampe, ist tot, schrei nicht so rum

was schreist du immer so, kannst du nicht leise reden?

jawoll

jawoll

wünschen Sie Käse

in Alt-Buda in der Käserei, da gibt es was Gutes für dich

es gibt keine Gerechtigkeit

was meinste mit Gerechtigkeit

es gibt keine Gerechtigkeit, nicht einmal das ist gerecht

arbeiten

immer nur arbeiten

immer nur arbeiten

es reicht doch, was Mutter Erde von sich aus beschert

Gyömrői, die dreckige Schlampe

sie arbeitet nicht

ich soll arbeiten

gar nichts arbeitet sie

zur Arbeit, Ihr Burschen, morgen ist Markt

aus mir wird kein Geselle

aus mir wird kein Müller

ich werde ein Schiffskapitän

ich werde ein Taucher

ich werde ein Lokomotivführer

erst werde ich ein Schlosser und dann ein Lokomotivführer

warum schlägt man die Gesellen

warum schlägt man die Kinder

meinen würde ich den Hals umdrehen

das hat er nun davon

Müllers Esel, das bist du

ich will nicht arbeiten

ich werde nicht arbeiten

lieber will ich sterben

ich habe noch nie gearbeitet und will es auch in Zukunft nicht tun

sie arbeitet auch nicht

Hatvany arbeitet auch nicht

Rapaport arbeitet auch nicht

Gyula Illyés arbeitet auch nicht

er ist Revolutionär, weil er Angst vor den Arbeitern hat

ich will nicht ackern auf dem Feld

ich hüte keine Schweine

ich treibe die Gänse nicht raus

soll doch die Gyömrői arbeiten

soll doch die Jolán arbeiten

soll doch die Etus arbeiten

soll doch die Mama arbeiten

krepieren soll sie

sag Herr Jesus und krepier

warum immer ich

soll sie doch auch mal runtergehen und was holen

warum immer ich

immer ich

ich

ich

du

er sie es

wirihr sie

Waschlappen

Jammerlappen

läppisches Winseln

kein Hund will arbeiten

halt die Schnauze

Horty arbeitet auch nicht

die Arbeiter arbeiten

krepieren sollen sie

das haben sie davon

ich werde ein Einbrecher

ich werde ein Dieb

ein Raubmörder werde ich

ich gehe nicht zur Analyse

ich esse nicht

werde nicht essen

wer nicht arbeitet, der soll nicht essen

geben Sie mir etwas zu essen

dann isst du's halt zum Fröhstöck

Judit soll arbeiten, die dumme Kuh

wär ich ein Weib, dann wäre ich ein Hure

für lau

ich hab kein Hemd ich habe Strohpantoffeln

Kauderwelsch

verzeihn Sie, das ist Kauderwelsch

blöder Ochse

jetzt mach ich gar nichts mehr

mir doch gleich, ob ich krepier

soviel bin ich mir nicht wert, dass ich auch noch arbeite

ich will zur Schule gehen

ich will zurück

ich verpass dir gleich einen derart argen Arschtritt, dass du zurück in Mamas Loch krachst

selig sind die Brutalen

selig sind die Armen wegen

Absolon

Mátyás

das Lied der Gossenkinder

streunen will ich

keiner soll gut zu mir sein, sonst bring ich ihn um

um die Ecke

sonst mach ich ihn kalt

Andor Németh arbeitet

tja, das ist was anderes

frisch und schön kalt ist mein Wasser

ich will etwas für lau

Depp

depperter Depp

krepieren soll sie

ich will einfach alles für lau

ich will Chöre

die singen

die Patentante

während der Bauer selig träumt

schleicht sich die Braut aus dem Haus

in Saus und Braus Summ summ summ

so sangen wir nach dem Binden der Reben

    das Schiff fährt übern See, übern See

    von 32 Gäulern gezogen

nicht das

das Lied von den Studenten

wenn du ein Studiosus bist, dann höre auf zu lernen

1 x 1

Physik

ich schreibe das nicht länger auf

ich halte das nicht länger aus

das ist ein Laufen Scheiße

ich brauch keine Analyse

ich arbeitet nicht für Frau

aus mir wird ein Strizi

ein Schwuler

das hat sie davon

verrecken soll sie

kreisen, immerzu um dich selbst

du drehkranker Bock

und sie will immer noch helfen

mir helfen

Briefmarken

Marx-Engels-Petőfi

Béla Kún

B.-Serie

Postata Ballgeld

ich brauche kein Geld

ich brauche gar nichts

schmeißen Sie mich einfach raus

würde man doch die Irren nicht schlagen

ich bin ja eh ein Irrer

bitte zertreten Sie diesen Käfer

immer wieder haben sie versprochen, mein Gehalt zu erhöhen

am Zahltag bin ich gar nicht erst hin

ich habe Fleischbeilagen gegessen, auf Kosten der Bank

du Würstchen

Herr Bartos, der Buchhalter

bitte bringen Sie die 240 Millionen zur Bahndirektion

ich bin nicht abgehauen

alle sollen sie einfach krepieren

mich werden sie nicht ausbeuten

ich bin ein Schmarotzer

ersticken sollen die Weiber

ja, man müsste Arbeit haben

kleiner Hammer

kleine Säge

kleiner Bohrer

ich sollte Säcke tragen und einkaufen gehen

ich sollte die Judit ernähren

ich hab meine Mutter nicht darum gebeten, mich auf die Welt zu bringen

für mich zu arbeiten

was geht mich das an

da zeigt sich der liebe Charakter

ich bedauere nichts

warum sollte ich all das bedauern?

Säuglinge sollte man gleich vor die Lastwägen werfen

auch die Schwangeren sollte man vor die Lastwägen werfen

Kaffee-Kaffee Kaffeebohne

kinderfreundicher Verein

die Kugeln regneten herab

sie ließen mich nicht an die Front

wär ich doch ein Geselle geworden

die Prüfungen hab ich geschmissen

Abitur wollte ich nicht machen

das Gymnasium hab ich abgebrochen

geschmissen, bin vor den Turnstunden getürmt

es gab keine griechisch-orthodoxe Sonntagsschule

warum hat man mich so schlecht behandelt

ich schreibe keine Gedichte mehr

ich will das Geld nicht

ich will keine Frauen

schon gar nicht die Gyömrői

ich will die Gyömrői wirklich nicht

ich muss arbeiten und sie amüsiert sich

ich kann auch Patiencen legen

die Mama hat immer Karten gelegt

ihr Sohn wird noch einmal berühmt

aha, und warum passiert nichts?

ach ich sollte einfach krepieren

ich schreib das Heft jetzt noch voll, und dann Schluß

das hier ist Arbeit

für lau

und ich muss dafür zahlen

lieber schlafen

aber dazu müsste ich nachause

aber ich geh nicht nachhause

ich geh nicht in die Redaktion

nie wieder

warum immer ich

sie zahlen rein gar nichts

ich schreibe kein Wort mehr für die 8 Uhr

die Acht-Uhr-Zeitung

frisch und schön kalt ist mein Wasser

geh es am Bahnhof verkaufen

andere Kinder bringen in deinem Alter längst Geld heim

ich bin so müde

lieber Gott, erbarm dich mein

wenn ich ein Priester wäre

wie dumm ich war, ans Zölibat zu glauben

ich werde Karten spielen

ich werde mich umbringen vor den Augen der Gyömrői

fick dieses stinkende Luder

Pászty hat auch nicht gearbeitet

die Jolán hat ihn getroffen

ich hab seine Hanteln gestemmt

auch bei den Makais

Jolán hat auch nicht gearbeitet

Mama gab sie auf die Handelsschule

Etus gab sie auf die Volksschule

und mich in die fünfte Klasse der Elementarschule

diese dreckigen Luder

warum hätte ich etwas lernen sollen

ich war froh, dass ich nicht arbeiten musste

ich musste unterrichten

der Makai wollte mich nicht mal sehen

der Herr Lehrer

Betrüger

Sonntags schickten sie mich tippen

bis abends halbzehn tippte ich

das fühlte sich wie Arbeit an, ich war müde

hör auf zu quatschen und leg dich hin

ich schmeiß dich raus

André de Prang

ist abgestürzt

die Wiener Frau

stand in Hosen im Zimmer

V oder W

homosexuell

die Typistin ist Gesindel

ach all diese Puderer in der Partei

wozu aufräumen

ich werde ganz langsam krepieren

alle werden mir glauben, wie sehr ich gelitten habe

eine kleine Kupferkanone

eine Art Mörser

ich kam hierher zum Urlaub machen, nicht zum Bohnenbrechen

du auch, Terka, nicht wahr

du Edelknabe

hier arbeitet keiner

alles Schurken, Betrüger und Diebe

ich werde ein Mörder

sie werden mich hängen

ich verzieh nie wieder das Gesicht, ob sie mir Essen geben oder nicht

ob sie mich lieben oder nicht

allein kann ich die Welt nicht aus den Angeln heben

die Gyömrői soll krepieren

Edit

edit

was sie macht, das ist Arbeit

Hühnereintopf

du dreckiges Huhn

am Ersten verlasse ich Judit – für 100 gibt es Vollpension – 100 kratz ich schon zusammen

*

Zoltán Szász ist gerade gekommen, ich höre auf damit, ich mach das nicht mehr weiter, ich glaube an rein gar nichts mehr

*

2:21 Uhr

Szász ist wieder gegangen

las gerade, was ich hier schrieb schrieb, angesichts dieser Grobheiten, mal hier, mal da, bekam ich es mit der Angst zu tun, sie haben mich traurig gemacht. Jetzt mache ich aber weiter, vielleicht wird ja doch noch was aus mir – vielleicht bin ich ja doch etwas wert

ich gebe ihr 10 Pengő, wenn sie das Heft liest und etwas darin entdeckt, das ich selber noch nicht entdeckt habe

alleine sein ist schrecklich

es ist schrecklich, dass man ein Bewußtsein hat, und darum alleine ist

oder vielleicht denkt er nur, allein zu sein

Judit hat zu mir gesagt: du stehst mir nicht bei

was soll ich jetzt machen

man müsste jemanden auffressen

in den Mund nehmen und kauen

Hure

Schwanzlutscher

Schwanz-Käthchen

Schwanz-Margaretchen

der gedruckte Index des Gesamtwörterbuchs der ungarischen Sprache

warum konnte ich meine ganze Dummheit nicht auf einmal aussprechen

sie bringt mich, treibt mich zur Ordnung

wie treibst du's

was machen die da gerade

Coitus interruptus

wenn der Schwanz abgespritzt hat, dann sieht es so aus, als hätte ihn jemand abgebissen

ich will so gerne ficken wie man plantscht

wie als die Mama mich gebadet hat

verkündet ist

die Kunde frohe Kunde

Kleine Fische, gute Fische

sterben tut gut, ganz egal

wer gerade stirbt, wer anders oder ich

Bertalan oder Tamás

ich weiß gar nichts

je ne sais rien

mais je peux

Pneumatik

eine kleine Explosion von Hydrochlorid, es rinnt in einen Kolben

Tibor Naschitz hat Jolán den Hof gemacht

die Luciens

natürlich heißt sie Lucie

Lucie Lippe

volle Lippen

Frici Nashitz

der Stock stand still

die goldene Kette hing in der Luft

ich hab mir so oft einen runtergeholt

meine Mama hat mich auf die Straße gesetzt

ich würde ihr auch eins versetzen, wenn sie noch am Leben wäre, sich erinnern könnte

aber ich wüsste, was ich dabei tun würde

für mich wäre das keine motorische, sondern eine mentale Befriedigung

und danach müssten wir uns versöhnen

Eier quirlen

die Eier hineinschlagen

Palatschinken

Pflaumenmus

in welcher Burg wohnen keine Soldaten

die erhoffte Maid gewinnt ein Schloß

auch Männer sind sehr schön, wenn sie nackt sind

die drei Grazien sind sie

wie schnell die Zeit vergeht

ein Dinar, zwei Dinar, du kriegst keinen ab

mach deine Arbeit, mein Kleiner – das hat mir die liebe Mama gesagt

Gott, was soll ich nur tun

soll ich mich an ihrer Stelle lieben

was hätte sie davon

was hätte ich davon

hätte sie nur keinen Krebs gehabt

der „Koitus mit der Mutter" geht mir nie aus dem Sinn

Eisler konnte sich das vorstellen

das Dings

das Dingsbumsen

wir haben in der Gátstraße gefickt, aber das war was andres

ich hab gegen die Wand gespuckt

man hat alle verprügelt

außer mich

mein Gott, warum hat man sie verprügelt

König Attila

der Lehrer hat mich belobigt

Sándor Lestyán

Ede Erdős

Márkusz Fodor

Onkel Dingsda

Onkel Isa

Kauft nuuuur die Schuhpolituuur von Fedak

Asbach-Pralinen

„eine Krone"

Zuckerflöte und der Peter Gala

stollwerk

das ließ sich gut kauen und ziehen

Wassermelone

Wassermelone mit gelbem Fruchtfleisch

ich wäre ja gerne einkaufen gegangen, hätte mich die Mama nicht immer mit den Einkäufen wieder zurückgeschickt, das war so demütigend, ich hatte doch extra alle Waren geprüft, und da ich sie einmal akzeptiert hatte, wie sollte ich sie jetzt reklamieren

und demütigend war auch, dass ich das Huhn auf dem Hof herumführen musste und die anderen Jungs mich dafür auslachten

und demütigend war auch dieser Strohhut aus dem Waisenhaus … schon aus großer Entfernung konnte man erkennen, dass er aus einem Waisenhaus stammt

auch der Mantel

dann hab ich mir Zacken in den Hut geschnitten, man hat mich so verprügelt, ich konnte nur sagen, dass ich es nicht war

aus Trotz noch einmal Zacken in die Ränder, und dann noch einmal Prügel

dabei wollte ich doch nur heim – warum musste ich ein Waisenkind sein die Mama kam mich besuchen, aber sie ließ mich dort, ich dachte, sie nimmt mich mit

die Makais haben jedem erzählt, ich sei ein armes geduldetes Findelkind

auch für Rapaport war ich „ein armes Findelkind", *verwahrlos*

auch für die Gyömrői, denn das ist nicht ihr übliches Honorar

und die von der Partei stecken mich eh zu den anderen Hornochsen

ich bin nur ein armer, geduldeter Mann

ich habe niemanden

auch Judit behandelt mich so

ich werde Attila József töten

gestern nacht stellte ich mir vor, dass ich mir am Monatsersten, wenn die Frist abläuft, die mir die Gyömrői gesetzt hat, den Gasschlauch in den Mund stecke, tief einatme und alles ist vorbei

wie schön das war, danach wieder ganz tief einzuatmen: Ich bin am Leben

Mein Kopf ist noch dran, der Zug hat ihn nicht abgetrennt

sie haben mir auch die Zunge nicht abgetrennt

aber wem soll ich das erzählen

das ist aus einem Gedicht

Laterne

……… Kloset

man kann nicht alle Käfer ausrotten

ich bin käferig

ich hätte gern einen Hirschkäfer, den ich vor eine Streichholzschachtel spannen kann

mein Gott, schau mich doch an, wie still ich war, in Monor

schlimm, dass es keinen Gott gibt

ich habe mich immer vergeblich bemüht, vergeblich war ich gut, vergeblich schlecht

vielleicht hab ich die Mama nur geliebt, weil sie mir zu essen gab und weil ich einen Ort brauchte, den ich Zuhause nennen konnte

was sollte ich lieben an meinem Vater – er lebt

am Mátyásplatz 4, bei dem Verwandten Pászty gab's immer so leckeren Aufschnitt

er hätte mir noch mehr gegeben, aber ich schämte mich, so viel zu essen, wie ich gern wollte

da gibt es nichts zu heulen

andere schämen sich auch

ich habe das Schämen von andern erlernt

ich ging dorthin durch die Óriás-Straße

als ich den Makais Milch brachte (durch die Szigony-Straße) hab ich immer sehr gut auf den Weg geachtet

ich sollte mich beeilen, aber, mein Gott, warum hätte ich mich beeilen sollen

auch aus der Klinik habe ich im Henkelmann Essen nach Hause getragen

auch aus der Volksküche

weiß nicht mehr? was gab es damals zu essen (Reis mit Kraut)

vielleicht Kartoffeleintopf

oder Bohneneintopf

oder Krautwickel?

anderes Kraut als das im Café Japan, das mit den Fleischbällchen

Semmelknödel

Marillenknödel

ranziger Speck, ist nicht lecker

in Öcsöd hab ich mir die Stiefel mit ranzigem Speck eingeschmiert

*

der Laci ist gekommen

*

man muss es runterschlucken, „als hätte man einen Knödel im Hals", nicht wahr?

ich musste immerzu auf die Straße spucken

ach hätt ich nur die Buchteln nicht gegessen – die Mama hat mir ihr Nachtmahl mitgebracht

ich habe etwas sehr Schlimmes getan

vielleicht Schmetterlinge gegessen

tote Enten

totes Schwein vielleicht

ich hätte auch die Mama gegessen

na los, dann fresst halt alles auf

was hätt ich tun sollen

jetzt ess ich gar nichts, das ist auch nicht gut

sie hat mir immer gesagt: warte, bis du an der Reihe bist

in Reih und Glied muss er stehen

ich will so gerne zur Armee, aber mein Klassenlehrer ist dagegen warum hat man uns dann in der Schule diese ganze Werbung gezeigt

wie man ein Söldner wird

für 25 Kronen hab ich mir nachts an der Ecke Üllői-Straße ein Abzeichen der Ème gekauft, weil ein Mann sagte: jetzt, wo die Rumänen abhauen, werden alle, die kein Abzeichen besitzen, ein Problem kriegen

die Mama hat sich über das Abzeichen gefreut, als ich zuhause war, war es 25 Kronen wert

ich habe als Bäcker bei der Firma Emke gearbeitet

Adler auf weißem Kreuz

später fiel der Adler ab

und dann hab ich das ganze Ding verloren

ich hatte Angst, als der Hund mich in Kiszombor gebissen hat, vielleicht war er tollwütig

dieser Junge, der schon im Internat so viele Frauengeschichten hatte, ist jetzt Friedensrichter in Kiszombor

-icz…

Ickowitz – ich hätte das Abzeichen seinem Besitzer zurückgeben sollen da fällt mir ein, ich hatte auch mal was mit einer, und zwar mit meiner Patentante,

– „Das Pferd stirbt und die Vögel fliegen aus" – sein Stil

Kassák

bei Békeffi ging es sehr seltsam zu – da war diese Frau, die ……. ich hab mich kaum getraut, das Wort „Ficken" auszusprechen

jetzt trau ich mich eh nicht mehr sie zu ficken, jetzt nützt es eh nichts mehr, das Wort zu sagen

Johanniskäfer

Johannisbrot

das Stadion des F.T.C.

der Pászty war Mitglied beim BTC

ich kann diese Brünette bei den Békeffis nicht vergessen

ein bißchen pummelig, Angst, sie zu ficken, auch jetzt noch

wo ich dieses Wort hinschreibe, als hätte ich den Mut, es hinzuschreiben der Gyömrői ist das eh egal, es ist ihr ganz gleich, was ich tue, „ich werde später darüber berichten"

ich sollte mich dran gewöhnen, dass ich erwachsen bin

der Mann dieser Frau hatte eine syphilitische Nase, ein syphilitisches Gesicht, und Syphilis lag in der Luft

Papas Schwester hatte eine Hakennase

Krebs, Lustläuse

das Begehren kann man wirklich als eine Lustseuche bezeichnen

vergeblich warnt der Mensch vor dem Risiko

wie schade, dass meine Mutter krank war

es war so schrecklich, krank zu sein, vielleicht bin ich jetzt so verlassen wie damals

die Mama hat mich mal besucht, die arme war so mager

ich hab immer gefürchtet, dass sie nicht kommt, vielleicht wär ich lieber gestorben

nach dieser Erregung muss ich dringend pinkeln gehen

der Kummer lagert sich im Menschen ab, so wie Kalk in den Knochen seit ich 13 bin, freue ich mich nur zum Schein

ich habe mich immer nur darüber „gefreut", dass die Menschen mich nicht fliehen – was hätten sie auch mit mir anfangen sollen: sie hätten so wenig mit mir anfangen können wie ich mit der Mama, als sie in der Klinik lag, abgemagert bis auf die Knochen

ich habe das kalte Essen auf dem Nachttisch nicht einmal angerührt

Nachttopf

vielleicht hab ich doch was davon gegessen und darum muss ich immer speien

vielleicht hab ich Scheiße gegessen – egal, ich bin da

ich bin gar nicht da, nur die anderen sehen mich

das Arsen hätt ich mir schon am Montag aus den Zähnen nehmen lassen sollen

sonst kriege ich, wenn ich älter werde, auch noch schlechte Zähne

wenn ich will, dass man mich liebt, sollte ich all das besser verheimlichen

aber dann werden sie nicht mich lieben, sondern nur den, den ich ihnen zeige, und das bin nicht ich die Lustseuche muss man auch verheimlichen

der Rubin hat gesagt: dich lieben alle, weil Du deine Gedichte bist

ich bin aber nicht meine Gedichte: ich bin, was ich hier schreibe

einen solchen Menschen würde ich auch nicht lieben können, oder vielleicht doch, vielleicht würde ich ihm so helfen wollen wie die Gyömrői mir hilft

sie hilft sich damit auch selbst

sie verdient daran, davon lebt sie

die gute Samariterin

Nonne

warum verlange ich nicht auch Geld für alles

sie hat gesagt: „Eines Tages werden Sie verstehen". Sie hat aber auch gesagt: „Sie wissen schon, dass das nicht mein üblicher Honorarsatz ist."

jetzt weiß ichs: ihr Honorar ist, dass ich zerbreche, wie damals das Lampenglas, als ich Wasser drüber gegossen habe

für wen schreib ich das alles auf

für mich

und sie bezahle ich

sie ist die Schmarotzerin, nicht ich. Sie ist die Göre, ich bin das arme kleine Tierchen, Mama

ich kann keinen Gebärmutterkrebs kriegen

aber es gibt ja auch Krebs in den Hoden

ich habe mein Leben gelebt wie ein Egel

„das ist aus einem Grund geschehen" – sagte die Gyömrői

aber ich lebe jetzt immer noch so

bitte eine milde Gabe für einen armen Blinden

oft lief ich mit geschlossnen Augen durch die Straßen, um zu sehen, ob ich die Richtung halten kann

dabei quälten mich böse Träume

„tja, das ist Naturwissenschaft"

gleich werde ich krepieren, aber vorher geh ich noch kurz raus pissen sie denkt, dass ich etwas für lau von ihr will – ich will aber nichts für lau, verdammt

Szabadszállás

der Rübeneintopf hat mir gar nicht geschmeckt, ich hab ihn trotzdem runtergeschluckt

man sollte alles auskotzen, den ganzen Kot

Horn

Blashorn

Lehels Horn, Samsons Haar

was ist da gerade vorbei

was war da gerade

es war einmal

die Leichenpredigt

ein Gedicht von Kosztolányi

auch der hat Krebs

ich habe mit Bertalan Farkas Krebse als Vorspeise gegessen

ach hätt ich doch nur Krebs

auch die Hysterie ist ein Krebs im Menschen, auch die Traurigkeit kaut am Menschen

Hysterie = Gebärmutter

gefrässige Striemen

Honig

Bienen sammeln Honig

der Stachel der Arbeiterbiene ist ein dehydriertes weibliches Genital

Horn

Hirschhorn

Kloschlüssel

verschusselte Politik

eine liebe Frau könnte mich heilen

aber welche erwachsene Frau braucht ein Kind

meine Patentante

Frau Kálmán Kiss

Kyss

Józseffy – ich schrieb meinen Namen sehr oft mit „effy", weil das so schön „vornehm" klingt

József*i* war ich – in der Schule tilgten sie das „i": wozu brauchst du ein „i", schnauzte der Lehrer mich an

die Mama war eine verwitwete Áron Józsefi

geb. Borbála Pőcze

in meinem ersten Traum, den ich Rapaport gezeigt habe, trugen drei Gesellen je einen Sack, was befand sich darin?

Lederwaren, Winzerwaren,

Waren vom Barbier

der Winzerplatz, der laut Auskunft des Musiklehrers so hieß, weil dort die Winzer ihren Wein verkauften: die alten Winzerweine

Schützengraben

kotzt

Kotze

könnte kotzen

vom Alkohol gekotzt, habs übertrieben, wollte beweisen, dass ich was vertrage

in allen ernsthaft messbaren Disziplinen blieb ich immer deutlich hinter den anderen Kindern zurück

ich muss Kopfspringen üben, Schwimmen lernen

im Wasser kann ich schon schwimmen

ich wollte gegen den Strom kraulen, in der Donau, aber ich war so rasch erschöpft

Géza Mokos hat der Etus am Donaustrand den Hof gemacht, beide in ihren Badesachen

Etus konnte exzellent Kopfspringen –

sei nicht so dickköpfig – mahnt mich die Jolán – sie war sehr böse

sie oder sonstwer – wen kümmert's

das war die Atmosphäre meiner freien Verse, dem alten Kesztner haben sie gefallen

ich hab vor der Frau Kesztner die Bettdecke gelüpft, damit sie alles sehen kann ich tat dabei so, als schliefe ich noch

später hat sie mal lachend erzählt: „Er hat sein Ding nach draußen baumeln lassen."

dasselbe hab ich auch in Szeged gemacht, und meine Vermieterin – die alte Tante – damit zur Fellatio gebracht

ich würde das auch wieder tun

was soll ich machen, ich habe so Angst vor dem Koitus

ein Neurotiker ist ein umgedrehter Perverser, eine Analytikerin ist eine umgedrehte Hure

meine Erste war sehr grob zu mir

in einem Traum habe ich in einem Album geblättert, zurück bis zur „ersten Frau" – in diesem Album waren lauter Frauenköpfe, Landschaften – ich habe ein Gedicht dazu gemacht:

im lichten Wald ein lauwarmer See

so war die Erste

mir fällt gerade ein: das ist ein Mund (der Mund einer Schlucht), auch wenn ich Vagina geschrieben habe wird's noch, ich hab nicht den ganzen Tag Zeit, sagte sie – wohl wahr, sie war eine Frau – und ich bekam Angst, begann zu onanieren und steckte ihn rein, kurz bevor ich kam

es hat mir gar nicht gefallen

später – noch viele Jahre später – hab ich immer allen gesagt, ich sei noch Jungfrau

auch der Olga Deák hab ich das gesagt, die mochte ich sehr, aber mit ihr schlafen – undenkbar

wenn ich zu einer Nutte ging, dann liebte ich in ihr die Mama

wenn ich die Mama zurückgeschlagen hätte – motorischer Ablauf –

natürlich hätte ich dafür gern einen sehr großen Penis gehabt

*

(Besuch von Lajos Nagy)

Lajos Nagy war hier, jetzt ist er wieder weg, ich war kurz pissen, heute geh ich nicht mehr zum Zahnarzt, vielleicht ist doch kein Arsen im Zahn

Aggression – warum ich die Frauen schlagen will:

wegen meiner Mutter?

wegen Jolán?

ich dachte, dass Jolán mich zu sich ins Bett holt

nach dem „Unterdrücken des ödipalen Begehrens"

nach dem zweiten Unterdrücken

und dem dritten " "

die Gyömrői, wenn sie eine echte Frau ist, dann wird sie mich auslachen

von oben herab

sie steht über mir, so hoch wie sie mich verachtet

das ist auch ein Genuss

wie würde ich es genießen, wenn uns beide etwas verbände, aber wenn ich nicht bezahle, dann muss ich augenblicks abhauen ich werde jetzt ohnehin abhauen

wie schade, dass ich sie verlieren muss

wenn sie mich doch nur wollte

ich bedrohe sie mit meiner Homosexualität

Judit hat erzählt, dass Ferenczy zu einer Frau, die ganz keck von sich selber sagte, sie sei frigide, geantwortet haben soll: Ja, sie sind wirklich frigide

heute hätte ich vor einem homosexuellen Akt per Anum keine Scheu mehr – vielleicht sind die Männer gar nicht so aggressiv, wie ich denke

ich habe vor ihnen genauso viel Angst wie vor Frauen

diese seltsame Benommenheit in meinem Kopf, kommt sie vielleicht doch nicht vom Arsen

ach wenn es mich doch umbrächte

nein, auch das wäre traurig: kein Hahn würde nach mir krähen

ich konnte auch nicht weinen, als meine Mutter starb

wie kann einer impotent werden

da war der Appetit der Elster wohl größer als ihr Magen

mein Rektum ist so groß wie das von einem Pferd

aber ich habe auch vor Pferden Angst

ich muss gleich gehen

ich muss zeigen, dass ich wer bin

ein Irrer nach dem andern kommt mit seinen Manuskripten an – warum schreiben die alle? das ist bloß Selbsttäuschung, Betrug

vielleicht ist es wie einen Drehkreisel drehen

o ich hatte eine so schöne Erektion, als ich sie damals den Jungen zeigte

sie war so groß, so fest, so hart

nachdem ich in der Küche gekommen war, hab ich das Sperma näher untersucht: ich glaubte darin das Kind, das „Embryo" zu entdecken

Brioche

Briand

laut einem französischen Witz spucken die Frauen immer, um abzutreiben

warum hat die Mama mich nicht geweckt – ich hab doch geweint warum hat sie mich nicht aus der Homosexualität erweckt

das Zeug, aus dem man Kinder „macht", dieses Zeug geriet in meine Mutter, daraus bin ich gemacht

nicht aus Scheiße

aber ich hab es wie Scheiße behandelt – ich konnte einfach nicht vom Onanieren lassen

ich schreibe das alles in einem derart heuchlerischen, kalten Tonfall, ich bin so ein Lügner

vielleicht hasse ich mich doch mehr als ich mich liebe

nackte Frauen sehen sehr schön aus – damit wollte Jolán mir sagen, dass Männer nicht schön sind

Jolán hat sich angesteckt bei ihrem Mann – Onkel Elemér – sie haben es mir verheimlicht

die Eszti hat sich auch angesteckt – ach hätte sie doch stattdessen ein Kind gekriegt – sie haben es gesagt, als ich dabei war – aber nicht zu mir – in der Küche

Kinder machen

runtermachen

sich in die Hose machen

Betschuana-Land

schwarzer Mann

alle schwarzen Frauen haben Syphillis

kluger Pferde-Schiss

esz ist im Ungarischen

ein präsenzbildendes Suffix

oft hab ich dran gedacht, mich zu kastrieren – jetzt könnte ich es über mich bringen, ich will aber lieber den Verstand verlieren

der Eunuch im Harem des Sultans

ein türkischer Sultan mit gewaltiger Wampe

Herz Wellen

ich müsste längst in der Redaktion sein – aber was soll ich da

ich versteh's nicht, warum bringt man mich nicht um

warum schlägt man mich nicht tot

auf dem Bett

hab ich Mamas Muschi betastet

blutige Watte

Watt

Volt

Ampère

Le père

Père-la-chaise

sie haben ihn abgebissen

den Hunden hingeschmissen

Hundescheiße

Hundeschwanz

Ladenjungfer

Ladendiener

Ladenfeuer

Feuerkörper

Himmelskörper

Himmel, hör jetzt auf

was hab ich mit Mamas Fotze gemacht

so mutig war ich also nicht

interessant, die Gyömrői würde mir fast alles glauben, aber nicht, dass ich die Fotze meiner Mutter ausgeleckt habe, den Schwanz hab ich ihr auch nicht in den Mund geschoben, aus Angst, sie könnte ihn abbeissen

so ähnlich war es beim Ficken mit meiner Patentante, ich traute mich nicht, ihr diese Perversion anzubieten

Pista, komm Pista, leck mir den Schwanz, Gott hat dich ohnehin zum Strizi gemacht

alles war gut, bis das mit dem Schlagen anfing

dann wurde Mutter krank

ich muss jetzt gehen

Budapest, 22. Mai 1936

Ein Gespräch mit der Psychoanalytikerin Edit Gyömrői

Erzsébet Vezér, Mitarbeiterin des Tonarchivs im Petőfi-Literaturmuseum, hat im Sommer 1971 die Psychoanalytikerin Edit Gyömrői in London besucht, bei der Attila József in den Jahren 1935/36 in Behandlung war, und mit ihr das folgende Gespräch geführt.

Wie haben Sie Attila József kennengelernt?

Ich habe Attila József nicht kennengelernt: Ich war eine praktizierende Analytikerin, und Lesznai Anna bat mich, ob ich Attila als Patient übernehmen würde, er bräuchte dringend Hilfe. Hatvany Bertalan sei bereit, für ihn 20 Pengő pro Sitzung zu zahlen. Natürlich habe ich Ja gesagt. Attila kam jeden Tag zu mir. Das betone ich, weil Sie sich nicht vorstellen können, wie viel Feindseligkeit ich ertragen musste. Ich war die impertinente Frau, die zu sagen wagte, dass dieser Mensch, dem angeblich nichts gefehlt habe, sehr krank sei. Ich war es, die ihm den allerletzten Heller genommen haben soll. Dabei habe ich Attila gebeten, selber zu Hatvany zu gehen und sich sein Geld abzuholen, weil ich wollte, dass er weiß, dass er unterstützt wird.

Wirkt eine psychoanalytische Behandlung nur dann, wenn der Patient dafür bezahlt?

Die Wirkung ist nicht allein davon abhängig. Aber ich vertrete immer noch die Ansicht, der Patient solle so viel zahlen, dass die Summe ihn zwar nicht stark belastet, dass es ihn aber dennoch etwas kostet. Das beschleunigt die Heilung. Der Mensch will etwas loswerden. Er sollte fühlen: Wenn er nicht für seine Krankheit bezahlen müsste, was könnte er dann alles mit dem schönen Geld anfangen! Nach Italien fahren zum Beispiel ... Darum wollte ich, dass Attila mir das Geld selber bringt.

Als Attila zu mir kam, war er in einer Phase, in der er seit Wochen nicht mehr in der Lage war, aufzustehen. Judit rief mich an und fragte, was sie mit ihm tun solle: Er schläft und will nicht aufstehen. Ich sagte, sie solle ihn aufwecken. Ich war in großen inneren Schwierigkeiten, weil ich bereits nach zwei Wochen zu der Diagnose gekommen war, dass Attila unheilbar ist. Ich wusste aber auch: Wenn ich ihm sage, dass wir die Analyse besser nicht fortsetzen sollten, dann würde er seine Schlüsse daraus ziehen. Daher beschloss ich: Ich werde ihn nicht wie einen Patienten behandeln, den man behandeln kann, aber ich werde ihn auch nicht verlassen, sondern seine Hand halten. Das war keine Behandlung. Ich versuchte ihn nur zu halten, damit er nicht ganz zusammenbricht. Als ich sah, dass er für sich selber, für seine Familie, für mich und für alle gefährlich wurde, da habe ich István Hollós konsultiert, der Oberarzt in Lipótmező war, einer der ersten Mitarbeiter Freuds aus der Ferenczy-Generation. Ich bat ihn um Rat, fragte, was zu tun sei, Hollós war mir ein sehr guter Freund und mein Onkel. Er hatte großen Einfluss auf mich. Ich habe mit ihm sehr lange über Attila gesprochen, weil ich unsicher war, ob ich ihn halten oder nicht halten solle. Und er war meine Rückversicherung ... wenn er etwa sagte, ich würde es gut machen, nichts falsch machen ... Auch er selbst hat sich sehr um Attila gekümmert. Als klar wurde, dass man ihn einweisen muss, übernahm Róbert Bak seine Behandlung, damals ein junger Kollege. Ich hatte nämlich nicht die Möglichkeit, Attila in ein Krankenhaus einweisen zu lassen. Darum hat Bak das für mich übernommen.

Wann wurde es manifest, dass Attila sich ihn sie verliebt hatte?

Liebe? Das war keine Liebe. Wie sagt man noch auf Ungarisch für *Transference*? Übertragung, Übereignung. Der Analytiker ist wie ein Kleiderständer, auf dem man alle Mäntel übereinander hängen kann. Sämtliche erinnerten Gefühle werden auf den Analytiker übertragen und durchlebt. Daran können wir ablesen, was mit dem Patienten geschehen sein muss. – Die Gedichte? Das war nicht ich. Er wusste nichts über mich. Dieses Gefühl war die Wiederholung eines Gefühls, das er gegenüber seiner Mutter empfunden hatte. Wir hatten keinerlei persönliche Beziehung miteinander. Aber da war so ein ständiger Vorwurf, eine ambivalente Bindung an seine Mutter, die er sehr geliebt, aber auch sehr gehasst hat.

Ist die Liste freier Ideen auf Ihre Aufforderung hin entstanden?

Weder habe ich Attila zu diesen Notizen aufgefordert noch habe ich sie jemals zu Gesicht bekommen. Ich weiß nicht, ob andere Analytiker solche Methoden verwenden, ich verwende diese Methode nicht. Wenn ich mit einem Patienten arbeite, will ich nicht wissen, was er schon weiß. Ich will vielmehr wissen, was er nicht wissen will. Und dazu achte ich auf das, was zwischen den Zeilen stattfindet. Also ermutige ich den Patienten nicht, seine Gedanken zu komponieren. Keiner kann schreiben, ohne zu formulieren.
Ich habe meine Patienten auch nie dazu aufgefordert, ihre Träume aufzuschreiben. Wenn so etwas vorkam, habe ich meinen Patienten

eher aufgefordert: Schreibt Eure Träume nicht auf. Wenn Ihr sie vergesst, dann vergesst Ihr sie eben. Der Traum, an den Ihr Euch erinnern könnt, ist unwichtig. Wichtig ist nur das, was sich verbirgt. Und wenn Du es aufschreibst, wird Dir nur einfallen, was am Traum ohnehin schon manifester Trauminhalt war, und nicht das, was der Traum verbergen soll. Darum rate ich jedem davon ab, die Träume festzuhalten. Mag sein, dass Attila es von seinen Behandlungen bei Rapaport oder Kulcsár her so gewohnt war …

Dieses analytische Tagebuch, von dem ich jetzt das erste Mal höre, ist sehr charakteristisch für die ganze Sache. Bei mir zu sein, das hieß für Attila in einer ganzen anderen Welt zu sein. Und wenn er zur Zeitschrift Szép Szó ging, dann war er wieder in einer ganz anderen Welt. Und zuhause war er wieder in einer anderen Welt. Und in dieser anderen Welt war es seine Wahrheit, dass ich ihn dazu aufgefordert hätte, ein solches Tagebuch zu schreiben.

Die Art, wie er sich mitzuteilen versucht hat, ist unbeschreiblich. Alles musste rückübersetzt werden. Aber manchmal hat er unglaublich interessante Dinge gesagt. Ich habe darüber geschrieben, aber der Text ist verloren gegangen. Nicht über Attila, sondern über den Befund, dass offenkundig sehr viele Dichter schizophren sind. Stefan George zum Beispiel. Hat man einmal mit Schizophrenen gearbeitet, dann ist unübersehbar, dass die Sprache, das Wort, die Rede für sie eine fundamental andere Qualität hat. Auch bei Attila habe ich bemerkt, dass er die Wörter fast ausspuckt, sie frisst. Das Wort war für ihn eine ganz materielle Sache. Er hatte einen ganz anderen Bezug dazu als andere, normale Menschen beim Sprechen. Irgendwie war er zutiefst mit dem Wort verbunden. Er hat das Wort wie ein Material gebraucht. Einmal hat er etwas sehr Schönes gesagt. Er sagte: „Ich nehme das Wort, werfe es in die Luft. Dort zerfällt es, ich fange es wieder auf, und schon ist es etwas anderes." So verliefen auch die Stunden, die er bei mir verbracht hat.

War es für die Behandlung nachteilig, dass der Dichter auf dem Gebiet des freudianischen Denkens bewandert war?

Die Annahme, man könne jemanden nicht analysieren, der mit psychoanalytischer Literatur vertraut sei, ist abwegig. Dann könnte es ja gar keine Lehranalysen geben. Natürlich war Attila auch hier ein kluger Leser ... aber dann kommt immer der Punkt, wo alles sich bei ihm verwirrt. Wo seine Krankheit Raum greift. Wenn Sie seine sehr schönen und klugen Artikel im Szép Szó aufmerksam lesen, dann geraten Sie immer wieder zu Stellen, an denen er anfängt, darüber nachzudenken, was er überhaupt sagen wollte. Er bringt alles durcheinander. Das ist sehr typisch für solche Krankheitsbilder.

Durch die Berichte Andor Némeths wissen wir von einem tätlichen Angriff Attilas auf Ihren Bräutigam ...

Da hat Andor Németh zwei Ereignisse durcheinander gebracht. In der Szene, die er beschreibt, ging es weder um ein Küchenmesser noch um einen Boxer. Attila kam zu uns und fing eine Prügelei an. Ich war bemüht, die beiden aus der Praxis zu befördern, ehe der nächste Patient kam. Ich hatte die beiden ins andere Zimmer geschafft, Kaffee gekocht, und wir konnten das Gespräch in aller Ruhe fortsetzen.
Aber da gab es eine andere, viel schwierigere Situation. Eines Abends hatten wir eine Sitzung bei Vilma Kovács. Ich nahm ein Taxi dorthin und bemerkte plötzlich, dass uns ein anderes Taxi verfolgt. Ich wusste gleich: das musste Attila sein. Drei oder vier Minuten, nachdem ich bei

Kovács angekommen war, ruft man mich und bittet mich nach draußen. Jemand wolle mich dringend sprechen. Damals wussten schon alle Bescheid, und sie rieten mir, bloß nicht nach draußen zu gehen. Ich sagte: Warum nicht? Das war auf dem Naphegy, dem Sonnenberg. Ich ging also nach draußen, und da stand Attila vor dem Gartentor, mit einem kleinen Messer in der Hand, das er mit beiden Händen umklammert hielt. Er drückte mich an den Zaun und redete wie ein Wasserfall auf mich ein. Wie einen Refrain wiederholte er immer wieder: Kleines Messer, aber gutes Messer. Und ich wusste: eine falsche Bewegung – und ich kriege das Messer zu spüren. Ich erinnerte mich daran, dass István Hollós mir einmal geraten hatte, man dürfe gegenüber einem Patienten niemals Angst zeigen, weil sich dann der Patient davor erschrecke, dass man Angst habe. Darum sagte ich ganz ruhig: „Attila, was hat das für einen Sinn? Weder Sie noch ich zweifeln daran, dass Sie machen können, was Sie wollen." Da ließ er das Messer fallen und sagte: „Aber Sie trauen sich nicht, mit mir einen Spaziergang zu machen!". Es war Nacht und der Sonnenberg war noch kaum bebaut. Ich sagte: „Warum nicht?" Und wir liefen zwei Stunden über den Sonnenberg, die unbebauten Grundstücke entlang, und Attila redete und redete. Da hatte ich keine Angst mehr. Ich war todmüde. Nach den zwei Stunden führte ich ihn zur Kettenbrücke hinunter und sagte: „Attila, ich bin sehr müde. Ich gehe jetzt nach Hause und wir machen morgen weiter." Damals war er noch bei mir in Behandlung. Nach diesem nächtlichen Spaziergang schrieb er mir einen langen Brief. In diesem Brief schreibt er kein Wort über die Szene mit dem Messer. Aber während des Gesprächs hatte er zu mir gesagt: Auch wenn er es mir in hundert Sprachen sagen würde, ich würde ihn ja doch nicht verstehen. Darauf muss ich lachend geantwortet haben, ich spräche ja immerhin vier Sprachen. Aber eine würde mir auch reichen. Oder etwas in der Art. Was mir da rausgerutscht ist, das mit den vier Sprachen, das ist in diesem Brief zum Leitmotiv geworden. Viel wichtiger als alles andere. Ich weiß nicht genau, warum. Vielleicht hatte er das Gefühl, ich wolle damit nur meine Überlegenheit demonstrieren.

Haben Sie sich je über Politik und die kommunistische Bewegung unterhalten? SIe hatten ja die gleiche politische Überzeugung ...

Der Analytiker spricht niemals über sich selbst. Also konnte er nichts über mich wissen. Aber auch sonst sprach er niemals über die Realität. Er lebte in seiner Phantasie, die sehr wenig mit der Wirklichkeit zu tun hatte ...

London, 1971

Zwei Gedichte
von Attila József*

*Die Gedichte sind im Original in deutscher Sprache verfasst.

Glas

Das glas schimmert im gras. Das glas ist
an das die tau-tropfen dringen.
Wenn ein klein kind gläser anschaut,
so fangen sie an
um still zu klingen.

Ein glas wächst am herzen der quellen
das weiss kein glaser selbst kein lieber leser.
Die mädchen und die jungen männer
verwechseln immer ihre gläser.

Die vielen gläser hinterm himmel
bemerkte einst ein vogel
durstig und ohne lied.
Ich möchte dir, ich möchte nur so leuchten,
wie das glas,
das auf meinem tische allein blieb.

Wolke

Du wirst nicht meine Frau sein,
du wirst leicht sein wie eine Wolke.
Ich schliesse mich ins Feld herein,
dass ich dich da erwarten sollte.

Du wirst herkommen in mein Haus,
in mein sehr kühles ohne Dach dann:
Ich werde traurig sein, wie die Maus,
auf die es regnet, leise, langsam.

Die zweite Sitzung

Sonntagnachmittag, halbsechs

Zuhause – hier, zuhause

ich habe das ganze Heft bis hierher noch einmal durchgelesen, meine Analyse betreffend folgere ich daraus:

die Gyömrői sitzt hinter meinem Rücken und ich liege auf einer Couch –

sie hat objektiv zu sein, damit ich subjektiv sein und somit zu einer Objektivität gelangen kann

(Obstipation) Ich wollte beide Wörter ohne O schreiben und das Wort ohne ohne h, da ist etwas, das ich nicht geben kann, es ist alles vergeblich, auch wenn ich dort, wo meine Gedanken sich in Gefühle und meine Gefühle sich in körperliche Funktionen übersetzen lassen, völlig gesund bin, darum hat es keinen Sinn, wenn die Gyömrői „mich" anhand der Dinge beurteilen will, die ich so frei heraus erzähle, sie müsste vielmehr offenlegen, was der Kern all dieser wirren Ideen ist

es muss etwas Perverses in mir sein, dass ich mich einfach so auf ihre Couch lege

sie bittet mich, ihr zu helfen, aber sie lässt mich ihr keine Hilfe sein, weil sie die Störung mit mir identifziert – und nicht die verborgene Ordnung bemerken will

wenn sie mich derart abstraft, dann bin ich auch nicht bereit, ihr zu dienen, es sei denn, sie bittet mich sehr lieb

aber sie bittet mich nicht lieb, warum sollte sie auch – wenn sie mit mir schlafen wollte, dann hätte die ganze Sache hier endlich einen Sinn, sie will aber nicht – ich bin ihr also ausgeliefert, sie kann mich jederzeit durch einen anderen Patienten ersetzen

mit einem Wort: Ich bin für sie nichts als ein Stück Scheiße

zu einer anderen lässt sie mich nicht

sie will nicht spielen

man kann auch spielerisch miteinander schlafen, z.B. wenn man dabei Dampflock spielt. Kinder spielen „Wie macht die Lokomotive?", statt miteinander zu schlafen

die Frauen haben nie mit mir gespielt und in der Pubertät wollte ich nie mit den Jungs spielen

mein Vater – Pista – hat mich immer ans Tischbein gebunden und ordentlich verprügelt

alle haben recht – ich bin der größte Lügner

ich lüge auch, wenn ich behaupte, ich hätte die Gyömrői in den letzten zwei Jahren niemals belogen

ich versuche zu lügen, vielleicht gelingt es mir ja gar nicht, sie in die Irre zu führen

aber da sie mir die Wahrheit nicht glaubt, würde sie mir die Lüge glauben, und wie sollte es dann weitergehen

dann ginge alles in meinem Kopf wieder durcheinander, genau wie jetzt meine Gefühle, mein ganzes Wesen durcheinander ist

ich werde also ein paar Lügen in die Wahrheit mischen, alles in allem sollte ich mich ihr nicht zur Gänze ausliefern, sie lacht mich ja sowieso nur dafür aus

lacht sich eins ins Fäustchen, dass ich ihr meine „Intimitäten" vortrage

es scheint, als halte sie nur Lügner für so unschuldig wie sich selbst

Sonnenstraße

ich muss alles runterschlucken

sie sagt: ich will dies, ich will das, krepieren soll sie

ganz egal, was ich mache, wichtig ist nur, dass ich sie bezahle

offenbar sind alle Menschen gleich

eigentlich liebe ich sie nicht – es ist ja auch gar nichts Liebenswertes an ihr

sie ist wirklich das Allerletzte

die letzte Mode

Watte

Menstruationen

wenn ich mich doch verdoppeln und <u>auch</u> eine Frau sein könnte

hier verschweige ich sehr viel, das will ich ihr lieber Auge in Auge erzählen

ich werde ihr zweimal so richtig eine kleben

und dann soll sie mich nochmal fragen, was mir dazu einfällt

ich habe den Arsch meiner Mutter ausgeleckt – sie wollte das so, und dann stürzt sie sich auf mich … dass ich sie ficke… ich sollte mal nachzählen, wie viele Seiten das Heft hat

sie lachen Leute aus, die jemandem den Arsch lecken, und sie lachen Leute aus, die niemandem den Arsch lecken

die Gyömrői wird vor dieser Therapie nicht verschont

ich habe keine Beweise für gar nichts

wir sollten unsere Beziehung umkehren, damit auch ich sehen kann, was in ihr vorgeht

warum ist sie glücklich

vielleicht habe ich eine schreckliche Obsession, vielleicht denke ich grundlos, dass ich etwas verdient hätte

vielleicht gibt es das, was ich will, gar nicht, vielleicht ist das Schlafen miteinander für andere auch nicht so schön

vielleicht erwarte ich nur deshalb von der Liebe mehr als ich bekomme, weil ich geschlagen wurde, weil sie mich zur Arbeit gezwungen haben und weil ich nicht spielen durfte

in Öcsöd war es richtig übel

da hätten zwei Pferdchen sein sollen, ein Frauchen und ein kleiner Pflug

ein Häuschen, ein Hundchen, ein Fohlen, ein Senslein, ein Weizlein – alles wie für mich gemacht, so wie alles für meinen Ziehvater gemacht war

die Eskimos spannen Hunde vor ihre Schlitten

ist denn jetzt alles, was mich umgibt, wie für mich gemacht?

die Gyömrői versucht, mit ihrer disproportionalen Gesundheit zu beeindrucken

sie will keine proportionale Bezahlung

ich werde ihr richtig eins reinwürgen

ich werde mir etwas ausdenken, dass sie so wütend macht, wie meine Mutter wütend war, aber sie wird mich nicht schlagen dürfen

darüber wird sie sich sehr amüsieren

wer zuletzt lacht, lacht am Besten

Auge um Auge, Zahn um Zahn

die Sonne scheint

der Hund bellt

umgedrehte Folge

umgedrehtes Maß

ich werde dieses Heft Eisler zeigen

aber Eisler wird glauben, nur er könne mir helfen

schade, dann kann ich es ihm doch nicht zeigen

wahr ist: diese verfluchte Psychologie ist eine zwiespältige Sache

im Grunde stehle ich mich, indem ich die Gyömrői bezahle, aus jeglicher Verantwortung

wahr ist: man kann sich nicht selber belügen, andere aber jederzeit

man kann sich nicht selbst eine reinwürgen, anderen aber jederzeit

man kann sich nicht selber ficken, aber andere jederzeit

o wie eifersüchtig ich wäre

aber mit meiner Neurose erspare ich mir die Eifersucht

warum sind die Leute eifersüchtig?

weil sie fühlen, dass die Frauen jederzeit Männer haben können, Männer aber nicht Frauen

Männer brauchen Frauen ganz und gar, Frauen brauchen nur Schwänze

und Geld und bißchen Gewichse

nein, Letzteres gehört nicht in diese Reihe

der Koitus ist immer auch ein homosexueller Akt

wenn ein Mann eine Frau nicht mit physischer Gewalt bezwingen kann, dann sollte er sie bezwingen, indem er auf sie scheißt, mittels Homosexualität – das gilt für das gesamte weibliche Geschlecht

ich war so dumm, auf meine Mutter zu hören, auf ihr ganzes perverses Seelenleben reinzufallen, statt mich einfach an die Jungs zu halten

andererseits hätten die Jungs mich sicher ausgegrenzt – selbst dieser dumme Gábor Jobbágy war so bösartig zu mir wegen meiner Beziehung zu Sztruhala

was, wenn ich meine ganze Liebe einem jungen Mann meines Alters schenken würde? dann wäre er nicht nur nicht mein Freund, er würde mich auch zum allgemeinen Gespött machen

man muss lernen (leugnen: wollte ich schreiben), lügen lernen und die Geheimnisse für sich behalten, wenn man am Boden ist. Und aufrichtig sein, wenn man obenauf ist

auf Bock

Bock auf

Anschein

Rinderlende

falsch, gefälscht

Schwanz bockt auf

Schein-Schwanz

schwänzt

schwänzelt

du schwänzelst davon

ihr schwänzelt davon

Möse, Fotze, Schwanz, Arsch, Ficken, Wichsen, Runterholen. Über all das – Lecken – über all diese Dinge kann man ganz natürlich reden, mit Menschen, die gar nichts dagegen tun können

aha, ich nahm bisher an, dass der Gebrauch dieser Wörter an die Stelle motorisch entlastender Handlungen tritt, und ich habe sie bislang nicht verwendet, weil man sich nicht allein mit Wörtern befriedigen sollte. Die Handlungen aber haben mich auch nicht befriedigt, denn ohne Wörter gibt es auch keine Befriedigung

das mag die Ursache für das Ganze sein: dass man mich wegen dieser Wörter als Kind verprügelt hat – für den Prügelnden stellte das eine motorische Entlastung dar

jemand schreibt nur solcherlei Wörter auf ein Stück Papier und wird dafür heftig verdroschen ich will nicht für die Gyömrői gesund werden, sondern für mich selbst

einmal hab ich was auf eine Litfassäule gekritzelt: „Fotze und Schwanz lieben den Tanz"

danach hatte ich richtig Angst, in den Klos war ich immer sehr wütend auf die Erwachsenen wegen ihrer Wandsprüche

jetzt kann ich meine Kindheit nachholen und sagen: das und das hab ich getan, niemand kann mich fragen, wann

ich war so ein beschissener Idiot, dass ich der Gyömrői und der Mama helfen wollte

eine Mama ist für das Kind keine Mutter, sondern die Frau an sich

ich werde die Judit in den Arsch ficken, sie liegt auf dem Bett, ihr Rücken ist nackt

wie könnte ich die Gyömrői so in Rage bringen, dass sie mich erst rauswirft und dann bettelt, dass ich wiederkomme

nein, das wird wohl nichts

also muss ich ihr außerhalb der Analyse eins auswischen, ich werde ihre Praxis in Verruf bringen ich werde „versehentlich" ausplappern, dass ich ein Verhältnis mit ihr habe, und dann werde ich es auf eine Art leugnen, dass alle, sogar die Analytiker, es glauben werden

worum es dabei geht: ich werde sie in Wut versetzen, und trotzdem muss dann sie sich bei mir so lange entschuldigen, bis ich meine Feindschaft zu ihr einstelle

dann werde ich ihr meine Bedingungen diktieren: sie muss meinen Arsch auslecken

meine Mutter hat mich mit ihrem ganzen Verhalten zu diesen Arten von Beziehungen genötigt – aber dann hat sie mir auch noch diese Realität genommen

jetzt verstehe ich, was die „Inversion des Perversen" bedeutet

der Konflikt zwischen einem Kind und einem Erwachsenem = der Konflikt zwischen dem Koitus-Begehren und pervertiertem Begehren

dieser Konflikt – gepaart mit Terror – wird derart verkehrt, dass ein inverses Koitus-Begehren gegen ein invers-perverses Begehren kämpft

das versteht man unter einer Neurose

je passiver der Analytiker sich verhält, desto aktiver wird er in dieser Beziehung, bis er an seiner eigenen Aktivität zugrunde geht

die ihm im gewöhnlichen Leben eigene Aktivität tritt der Analytiker an den Patienten ab, was aus diesem eine gespaltene Persönlichkeit werden lässt

man muss ihn töten, statt das eigene Begehren zu verdrängen

wenn ich die Gyömrői töten würde – nichts wäre einfacher –, dann wäre ich auch noch nicht geheilt, diese Drohungen mögen zwar im Wald Wirkung auf Frauen zeitigen, aber nicht in dieser Kultur

in dieser Kultur sind alle Frauen Schlampen, je selbstbewußter sie sind, desto größere

meine Mutter hat mich unbewußt gehasst, weil sie geglaubt hat, als Mutter dürfe sie keine Schlampe sein, sie selber dürfe nichts als arbeiten, und darum wollte sie, dass auch ich arbeite

die Gemeinheit der Gyömrői besteht darin, dass sie nicht über meine Mutter reden will, sondern über mich, das zahl ich ihr heim

diese Idiotin! – sie behauptet, dass ich sie zugleich lieben und hassen würde. Aber Liebe birgt doch immer diese Ambivalenz in sich, ich weiß nicht wie genau, aber vielleicht erfährt man mehr darüber, wenn man sich dem Hass zuwendet

der Hass ist eine Inversion der Liebe, folglich ebenso ambivalent die Ambivalenz des Hasses wird sowohl von einem Begehren nach Selbstauflösung als auch von einem Gefühl der Ohnmacht bestimmt, das einen vor dieser Auflösung bewahrt

also wird auch die Ambivalenz der Liebe sowohl von einem Begehren nach Selbstauflösung als auch von einer Aktivität bestimmt, die einen vor dieser Auflösung bewahrt

als Neurotiker bin ich ein Idiot ab ovo, der Analytiker aber scheint ein Idiot ex professo zu sein

ein professioneller Idiot

um Maß zu halten, sollte man sich in sozialer und geistiger Hinsicht weitaus idiotischer zeigen, als man es in Wirklichkeit ist. Es ist nicht so, wie die Gyömrői schreibt, diese Idiotin (wenn sie denn wirklich eine Idiotin ist und nicht nur so tut, um von anderen Leuten und von den Behörden weiter geduldet zu werden): Es geht nicht um Sublimierung, sondern darum, die sublimierten Energien in ihren ursprünglichen, nicht sublimierten Zustand zurückzuführen, so dass die affektive Intelligenz (affektiv, weil sie in dieser Gesellschaft wirkungslos bleibt) sich in eine motorische Last zurückverwandelt

hierzu könnte den Menschen nur die Liebe verhelfen, es sei denn, sie bevorzugen es, Bolschewiki und zugleich Lustmörder zu werden

aber wer bis zu dieser Einsicht vorgedrungen ist, für den kommt jede Hilfe zu spät denn er bräuchte eine Begleiterin, die das auch einsieht, die dazu in der Lage ist, ich meine, eine Person, die es nicht nach Last, sondern nach Intelligenz verlangt

aber Gyömrői, diese Bastardbraut, amüsiert sich prächtig, vielleicht schließ ich mich am Ende noch den Hitleristen an, damit sie auch von hier vertrieben wird

es ist nämlich nicht nur heilsam, Liebe in sexuelle Handlungen zu verwandeln. Es ist auch heilsam, den Hass in Aktion zu setzen

natürlich will sie und hält sie sich einen Mann, der sich an sie klammert, so dass sie ihn nicht „halten", für den sie nicht kämpfen muss

aber um mich müsste sie auch nicht kämpfen, es gibt wenige Frauen, die ihr vergleichbar sind, und das genau ist das Problem, ich wäre sehr eifersüchtig an ihrer Seite, wie ein Kind, das weiß, dass es einer Frau nicht das geben kann, was ein Mann ihr gibt, und das darum voller Angst ist, wenn ein neuer Mann am Horizont erscheint

da hilft nur eines: sich mit jeder x-beliebigen Frau zufrieden geben, wenn mir das gelänge, dann könnte ich auch Gyömrői haben – aber dazu müsste ich sie erst verlieren

ich sollte es kommen lassen – nur sie kann mir helfen, wenn sie mich denn liebte – aber sie liebt mich ja nicht – dazu müsste sie mich ja auch hassen – und selbst wenn sie mich liebte, das wäre bloß so, als würde die Außenwelt sich in persönliche Angelegenheiten einmischen

die Vernunft ist also nicht dazu da, den Menschen zu „führen" (siehe die Pädagogik: die Erwachsenen sollten die Kinder nicht führen, sondern vielmehr deuten). Die Vernunft hat vielmehr die Funktion, die Außenwelt hinnehmen zu können, sich selbst inbegriffen

das ist wirklich nur sehr schwer hinzunehmen: dass Gyömrői nur eine Analytikerin ist, dass die Judit nur zu einem technischen Koitus fähig ist usw.

ich lasse den Dingen jetzt freien Lauf – glücklich werde ich so nicht, aber – wer weiß – vielleicht ein klein wenig weniger unglücklich

aber warum ist die Gyömrői so nett zu mir – nur wegen des Geldes?

lieber Gott, hilf mir!

es ist Unsinn, dass ich sie nur wie ein Kind liebe – wie solle ich sie denn sonst lieben, wenn sie mich nicht als ihren Liebhaber will

für sie bin ich nur ihr Patient – Macht nichts, Attila, ich bin auf Deiner Seite

sie ist nur nett zu uns, weil wir sie dafür bezahlen – wenn wir ihrer Nettigkeiten nicht mehr bedürfen, dann stellen wir die Zahlungen ein

Nettigkeiten gegen Geld kannst du überall haben

hab nicht solche Angst vor Huren: das ist das Leben, das ist die Grenze, alles im Leben hat Grenzen, und jeder hat seine eigenen

ficken muss man wie die Fliegen, nur kurz die Eier ablegen und weiter

wie besorgt wir waren, dass wir „anständige" Frauen schwängern könnten – sie aber kümmert es nicht im Geringsten, dass sie uns Schwermut, Hysterie aufbürden, ja, sie verachten uns sogar dafür

man sollte sie einfach ficken, und wenn sie weinen, dann sollte man sie rauswerfen – sie würden uns auch als Mann ablehnen, wenn wir zu weinen anfingen

alles gut, Attila, wir zwei haben es doch gut miteinander, drück dir einfach die Gyömrői aus dem Herzen, so wie man ein Stück Scheiße aus dem Arsch presst

und wenn du das gemacht hast, und wenn sie dann sagt: sehen Sie, Sie sind geheilt, ich habe Sie geheilt, dann lass sie daran glauben, lass sie auch scheißen

jetzt kannst du dir für 100 Pengő eine Wohnung mit Kost und Logis nehmen – Frauen sind nicht so wichtig, wie du denkst – auch Scheißen Wohnen Essen Schlafen sind mindestens ebenso wichtig, glaub mir

und es ist momentan auch nicht so wichtig, ob du ausgerechnet mit der Gyömrői ficken kannst – es wäre wichtig und verzichtbar, wenn es – wie du Idiot bisher angenommen hast – so etwas wie eine totale Vereinigung gäbe, die gibt es aber nicht

egal, was du tust, die Frauen werden dich betrügen – als du ein Säugling warst, hat sie dich mit deinem Vater betrogen, und wenn sie sich dir jetzt ganz hingeben würde, dann würde sie dich mit einem Säugling betrügen

du warst ein Idiot, wenn du geglaubt hast, es sei ein Betrug an deiner Mutter, wenn du zu einer Nutte gehst, es sei jetzt ein Betrug an der Gyömrői

was immer du tust, es ist kein Betrug. Was immer sie tun, sie betrügen dich – denn du bist ein Mann

ja, du bist ein Mann, mach dir das klar: töte, wenn es nicht anders geht, töte im Geheimen

mach Geld durch Grausamkeiten, dann gib dich mit Prostituierten zufrieden

denk daran, dass jeder sein Geheimnis im Leben hat, das wird dich von der Bürde deiner geheimen Phantasien befreien

die Gyömrői wird längst alt und grau sein, wenn du immer noch jung bist. Und wenn sie von ihrem Leben ohne Liebe unendlich gequält wird, dann kannst du ihr auch so objektiv, so unschuldig grausam gegenübertreten, wie sie dir jetzt

alles sagen, was dir innerlich einfällt, und äußerlich alles tun, was dir in den Sinn kommt

mach sie glücklich, indem du resignierst

denk über dich selbst so nach, als wärest du eine zweite Person – mach das, was sie macht, mit dir selber – in diesem Zustand kannst du sie umbringen und in aller Ruhe sagen: ich war's nicht

siehst du, du wirst müde, das ist ein gutes Zeichen, du wirst schlafen

du bist unsterblich, die Gyömrői hat dich unsterblich gemacht – selbst wenn sie dich hängen, sie hängen nicht dich

Sauerrahm

aufgestanden

steh auf und geh

das Heft ist voll

gib ihr 10 Pengő und verbrenn das Heft

gibst du ihr das Heft und die 10 Pengő, dann wird sie dich auslachen, wie dumm du bist

weißt du noch, sie hat gesagt, wenn sie lacht, dann nicht über dich

lüg ruhig, so wie sie lügt, gelogen ist nicht nur, was sie sagt, sondern auch, wie sie es sagt: sie will dich glauben machen, dass sie lachen kann, ohne dich auszulachen lüg, aber sei nicht so ein feiger Hund wie sie, die nicht einmal zugeben will, dass sie dich auslacht: auch Lügen ist also heilsam

siehst du, jetzt würdest du sie eh nicht mehr wollen, jetzt hätte sie auch nicht mehr zu bieten als jede x-beliebige Hure vom Strich

was du suchst, das gibt es nicht

du suchst dich selbst im anderen

du liebst dich selbst – du wirst niemanden finden, der so ist wie du, und wenn, dann sicher nicht unter den Frauen in deiner Bekanntschaft

vielleicht findest du die, die du suchst, vielleicht auch nicht, bis dahin gebrauche die Frauen wie ein Klosett zum Scheißen

wie hast du einst auf dem Töpfchen gesessen und dich über Mamas Liebe gefreut, sie half dir, dich von körperlichen Spannungen zu befreien

jetzt aber tritt der Hass hinzu, den deine Analytikerin dir, wenn auch in sublimierter Form, eröffnen könnte, wenn sie nicht eine derart verlogene Sau wäre (aber das ist ihre Form des Sublimierens). Gib ihr die ganze Scheiße, soll sie doch damit glücklich werden

und dann überleg dir, wie du dein Geld besser ausgeben kannst – die Heilung besteht darin, dass man einsieht: wie dumm es ist, wenn man weiter auf dieser Dummheit besteht, in die Analyse geht, Geld dafür

ausgibt, jemanden anderen mit dem eigenen Leiden zu beglücken –
wenn man das nicht begreift, bleibt man für immer unglücklich

keine Sorge, die Heilung besteht darin, dass man erkennt, betrogen
worden zu sein, dass die Person, der man vertraut hat, diejenige ist, die
einen beschissen hat, dass man für jedes einzelne Wort teuer bezahlen
musste

und sie haut ihn dermaßen übers Ohr, dass sie ihm selbst gegen Geld
nicht die Wahrheit verrät: was sind Sie doch für ein Idiot, mir so viel
Geld zu geben. Es gibt viel bessere Verwendung dafür, Sie könnten
damit ein wenig Freude in ihr Leben bringen, gut essen gehen, mehr
schlafen, Süßigkeiten kaufen, Krawatten, Schuhe, alles, was man so
braucht

nicht einmal diese Wahrheit vom Geld lässt sie dir zuteil werden, auch
das musstest du selber rausfinden

was willst du noch von ihr: dass sie dir wenigstens das eingesteht?

aber das kann sie unter gar keinen Umständen tun, dann könnte sie
ja nie mehr so amüsiert auflachen, 40 Pengő bleiben 40 Pengő, und
sie würde das ganze Geld verlieren, denn nicht einmal du wärest dann
noch bereit, sie zu bezahlen

du hast also vergeblich verlangt, gegen dein Geld Wahrheiten zu bekommen – sie wird dich immer als ein Kind betrachten, weil sie sich
selber für mütterlich hält und nicht für eine Betrügerin, und gerade
darum ist sie wirklich eine Betrügerin

dass du all das einsehen darfst – du, der für sie entbrannt war, der sich ein Leben ohne sie nicht mehr vorstellen konnte, du, in dem sich die dumme Überzeugung festgesetzt hatte, nur sie sei diejenige, die du liebtest – dass du einsehen darfst, dass auch sie dich mir nichts dir nichts betrügt und dass du ein Idiot bist, all diese Einsichten waren das Geld vielleicht wert

um die Wahrheit all dieser Einführungen überprüfen zu können, solltest du sie anlügen – auf diese Weise wird dir auch deutlicher werden, ob du mit ihr zusammenleben könntest, obwohl sie eine Betrügerin ist

denn wie man es auch dreht und wendet, du brauchst ja doch irgendwen, behandle sie wie ein Pariser Püppchen – denkst du wirklich, du Ochse, dass du sie liebst? – diese Betrügerin kannst du damit nicht übers Ohr hauen, warum also betrügst du dich selbst, reicht es nicht, wenn sie dich bescheißt?

lass sie dich übers Ohr hauen, hau du sie wieder übers Ohr, aber vergiss nicht, dass all das Betrug ist, nicht eine Sekunde

und wenn du ihr dann sagst, dass du sie liebst, und wenn sie sagt, ja, das ist wahr, dann fall bloß nicht darauf herein, natürlich ist auch das eine Lüge – sie kann ja gar nicht anders, denn nur das gibt ihr Kraft: dich zu haben, als ihr Gegenüber

8 Uhr 20, abends –

An eine Psychoanalytikerin

Du machst mich wieder zum Kind. Dreißig Winter
lang hat mich der Schmerz vergeblich erzogen.
Ich kann nicht gehen, nicht sitzen, die Glieder
toben, ziehen, stoßen mich, dir hinterher.

Ich halte dich im Maul so wie ein Hund sein Welpen.
Will mit dir fliehen. Dass sie dich nicht ertränken.
Jede Minute schlägt mir die Jahre ins Gesicht,
in Stücke mein geschlagenes Geschick.

Ich hungre – Füttre mich. Ich friere – Deck mich zu.
Dumm bin ich – Bring mir etwas bei.
Ein Sehnen fegt mich durch, wie Wind im Haus.
Sag meiner Angst: lass ihn doch endlich frei.

Du schaust mich an, ich lasse alles fallen.
Du hörst mir zu, ich kriege nichts mehr raus.
Nimm meine Unerbittlichkeit nicht hin.
Dass ich alleine sterbe, allein am Leben bin.

Die Mutter warf mich raus, da lag ich auf der Schwelle,
und wollte mich verkriechen, ganz tief in mich hinein –
Unter mir nur Stein und oben reine Leere.
Ich würd so gerne schlafen! Ich klopf an deine Tür.

Auch andere sind an Empfindungen arm,
und dennoch haben sie Tränen im Auge.
Ich liebe dich, weil ich erst an mich glaube,
seit ich mich durch deine Augen sehen kann.

                                                    1936. Mai.

Nachbemerkung der Übersetzer

„Krepier – Karierte Decke – ich denke – coito ergo sum – ich schwanzdenke, also bist du". Die am 22. Mai 1936 im Budapester Café Japan entstandene „Liste freier Ideen" ist das Resultat eines radikalen Selbstversuchs, an dem mehrere Persönlichkeiten des ungarischen Dichters Attila József maßgeblich beteiligt waren. Sie beginnt mit einer Schimpfrede auf eine Tischdecke im Kaffeehaus, entledigt sich sogleich des gesicherten cartesianischen Bewusstseins und gibt sich dem regressiven Denken und Reden des Unbewussten hin. So lallt und grunzt die Liste fröhliche Glossolalien, hält dann aber mit einem Mal inne, stellt Überlegungen zur Psychologie der Arbeit und zum Wesen des Geldverkehrs an und reflektiert ihre eigene Prozesshaftigkeit. In unendlichem Regress verzehrt die Liste immer wieder ihre Autorschaft, sich selbst und den Leser, empfängt hier und da auch einen Kaffeehausbesucher, was zu einer kurzen Unterbrechung ihrer Niederschrift führt. Dann nimmt sie ihre obsessive Arbeit wieder auf, flucht über die große Anstrengung, regrediert immer weiter und will zurück in den polymorph amourösen Zustand im Mutterleib. Um dorthin zu gelangen, häuft sie Obszönität auf Obszönität, kontrastiert die ganze Scheiße, die endlich mal raus musste, mit dem hohen Ton der Dichtung und dem wissenschaftlichem Jargon der Psychoanalyse. In einem Modus permanent sich selbst reflektierender Paranoia liest sich die Liste immer wieder selber Korrektur und will sich zensieren, was die Sache allerdings eher verschlimmert. Misogyne, homophobe, sexistische und antisemitische Ressentiments kommen zur Sprache, um sich durch schiere motorische

Nennung von ihnen befreien zu können, immer getrieben vom Hass auf die zugleich innig geliebte Muttersprache, die Sprache der Mutter. Wird, wer seine Wunde zeigt, wirklich geheilt? Am Ende mündet die Liste in eine an Freuds Methodik geschulte Selbstanalyse der Selbstanalyse, die völlig vergeblich versucht, sich die irrationale, aussichtslose, manische Verliebtheit in eine die Mutter verkörpernde Psychoanalytikerin auszutreiben.

Geschriebn wurde diese „Liste freier Ideen" während einer 1935 begonnenen, im Sommer 1936 vorzeitig beendeten Therapie des Dichters bei der jüdischen Analytikerin Edit Gyömrői. Sie war selber auch als Autorin tätig, pflegte eine langjährige Beziehung mit Hermann Broch und konnte 1938 in die britische Kolonie Ceylon emigrieren, wo sie sich den Kommunisten anschloss und eine sozialistische Frauenorganisation gründete. Während Stalin im selben Jahr das Zitieren aus den Schriften Freuds verbieten ließ, unternahm der überzeugte Kommunist Attila József – mitten im faschistischen Horty-Regime – den Versuch, sich selber und die ihn umgebende Gesellschaft zu analysieren. War dies auch ein Versuch, die Dissoziation seiner Überväter Freud und Marx zu verhindern? Indem er seine Krankheit als Symptom gesellschaftlicher Prozesse begreift, zeigt sich der Dichter jedenfalls als Vertreter eines historisch isoliert gebliebenen ungarischen Freudomarxismus, der in Wilhelm Reich, Herbert Marcuse und gegenwärtig in der slowenischen Lacan-Schule rund um Slavoj Žižek seine Wiedergänger gefunden hat.

Bereits 1911 proklamierte Sándor Ferenczi – sehr zu Freuds Missfallen – die Notwendigkeit einer „ersten, inneren Revolution" des Menschen durch die Psychoanalyse, die von einer zweiten „äußeren Revolution", der des Kommunismus, begleitet werden müsse. In seinem Aufsatz „Über obszöne Worte" fordert der Neurologe dazu auf, in der Kindheit verdrängte Wortvorstellungen als „den Gebärden nahestehende Reaktionen auf Reize" in einer Sprechkur auszuleben, um einen Zustand des Alles-Sagen-Könnens zu erreichen, in dem alle Wörter wieder gleich gut und gleich schlecht sind, also noch nicht gesellschaftlich codiert, zugerichtet, hierarchisiert. Attilas Liste liest sich in Teilen wie eine konsequente praktische Anwendung dieser Hypothese. Der Übertragungsliebe, die in den persönlichen Sitzungen mit der Therapeutin freigesetzt wird, steht hier zweierlei gegenüber: einerseits die regressive Introjektion, andererseits die Analyse eines inneren Faschismus. „Aber Gyömrői, diese Bastardbraut, amüsiert sich prächtig, vielleicht schließ ich mich am Ende noch den Hitleristen an, damit sie auch von hier vertrieben wird." Der Dichter wusste sehr genau, dass er als Kommunist und potentieller Insasse einer Irrenanstalt selber von den deutschen Faschisten verjagt, verhaftet oder umgebracht worden wäre. Träumt er hier von einer gemeinsamen, durch ihn selbst motivierten Vertreibung mit seiner Analytikerin? Das Böse verkörpern, um es loszuwerden ... Die immer wieder in den Textverlauf eingewobenen deutschen Sprachpartikel sind Signifikanten einer Herren-, einer Männersprache, in die Attila verfällt, wenn es um den Kastrationskomplex geht. Er kürzt sogar das deutsche Wort *Mann* um einen Buchstaben, als ob er es kastrieren wolle: *„Es kommt darauf an, ein Man zu sein/ Thomas Mann/ von Aquin."*

In ihrem 1971 geführten Interview über die Therapie mit Attila lässt Edit Gyömrői wissen, sie habe von der Existenz der Liste keinerlei Kenntnis gehabt und sie auch nicht – wie vom Dichter behauptet – bei ihm in Auftrag gegeben. Eine Liste, die sich selber schreibt, kann vielleicht auch ihre Auftraggeber erfinden. Nicht ganz glaubwürdig erscheint es allerdings, wenn Edit Gyömrői von ihrem späten englischen Exil aus meint, sie habe mit ihrem Patienten niemals über Politik gesprochen. Dieser habe keinerlei Wirklichkeitssinn besessen. Hier verdrängt sie womöglich die frühere gemeinsame kommunistische Gesinnung, um sich in Zeiten des kalten Krieges zu schützen. Und sie verkennt vielleicht, wie sehr die Krankheit Attila Józsefs tatsächlich auch ein Symptom des ihn umgebenden Faschismus war. Dem Interview ist eine große Anspannung anzumerken, die sicherlich auf den in Ungarn verbreiteten Vorwurf zurückgeht, sie sei für den Suizid ihres Patienten verantwortlich gewesen. Die Analyse musste abgebrochen werden, nachdem der Dichter für seine gesamte Umgebung gefährlich geworden war. Gyömrői übergab den Patienten an den Arzt Róbert Bak. Am 3. Dezember 1937, etwas mehr als ein Jahr nach dem Ende der Therapie, warf sich Attila József vor den Zug.

Handelt es sich bei dieser Liste wirklich um Literatur oder bloß um das autobiographische Zeugnis einer Krankheit, das man besser diskret verschweigen sollte? Darf man ein solches Dokument vor dem Hintergrund dieses Suizids überhaupt literarisch lesen? Verfechter der Publikation betonen die stilistische Nähe zu Texten der französischen und englischen Avantgarde, ziehen Vergleiche zu James Joyce, Antonin Artaud und André Breton. Ablehnende Stimmen sehen darin hingegen nichts als das wirre Dokument einer persönlichen Krise. Beide Lesarten verlieren den gesellschaftlichen Charakter allzu sehr aus dem Blick. In der Durchkreuzung aller symbolischen Ordnungen stellt der Text – diese stilistische Bestie – eine bleibende Irritation dar: Er will die Literatur verlassen und kann doch nicht anders, als ihr weiter anzugehören. Er will nicht arbeiten und kann doch nicht anders, als bei der Arbeit zu bleiben.

Bis 1990 blieb die Liste unpubliziert und ihre Existenz geheim – nicht zuletzt wegen der stalinistischen Ächtung der psychoanalytischen Methode, die so gar nicht zum Bild des proletarischen Dichters stimmen wollte. Im literarischen Untergrund Ungarns war der Text als Gerücht bekannt, einige wenige Kopien des Originalmanuskripts kursierten, Anfang der achtziger Jahre erschien eine erste französische Übersetzung in einem Fachjournal. In die Werkausgaben hat die Liste allerdings bis heute keinen Eingang gefunden. Die vorliegende Ausgabe ist die erste Übersetzung des Texts ins Deutsche.

Während des Übersetzens haben wir uns dazu entschieden, dem Original in seinem Materialcharakter so weit wie möglich zu entsprechen. Daher folgen die Übertragungen im Zweifelsfall eher strukturellen Abfolgen des Klangs, Silbenwiederholungen, Buchstabenfolgen, woraus sich zuweilen Abweichungen von der rein semantischen Bedeutung ergeben. Natürlich haben wir versucht, das jeweilige topologische Feld der Obsessionen nicht zu verlassen. Namen werden übersetzt, sofern es sprechende Namen sind. Eine leichte österreichisch-ungarische Einfärbung des verwendeten deutschen Idioms ergibt sich nicht nur aus der Herkunft des Dichters, sondern vielleicht auch aus der ungarisch-donauschwäbisch-serbischen Herkunft der beiden Übersetzer.

Wie präsent Attila József in Ungarn bis heute ist, konnte man an dem 2011 entbrannten Streit um sein Denkmal in Budapest beobachten, das sich direkt hinter dem Parlamentsgebäude am Kossuth-Platz befindet. Als die Regierung Orbán ankündigte, das Denkmal beseitigen zu wollen, versammelten sich spontan Hunderte von Menschen mitten im Winter um die Statue, schützten sie vor dem staatlichen Zugriff und rezitierten zweiunddreißig Stunden und vierzig Minuten lang Attila Józsefs Gedichte: „Kein Land, kein Gott, / kein Vater, keine Mutter. / Keine Bahre, keine Wiege. / Kein Kuss, und keine Liebe …"

Berlin, September 2017

Attila József: Liste freier Ideen, herausgegeben und übersetzt von Christian Filips und Orsolya Kalász, roughbook 043, Berlin und Schupfart, Oktober 2017, 2. Auflage Mai 2018. ISBN 978-3-906050-30-0, © Christian Filips und Orsolya Kalász 2017. Den ungarischen Originaltext kann man abrufen unter: http://mek.oszk.hu/11800/11864/html/szabad-otletek-jegyzeke.html.